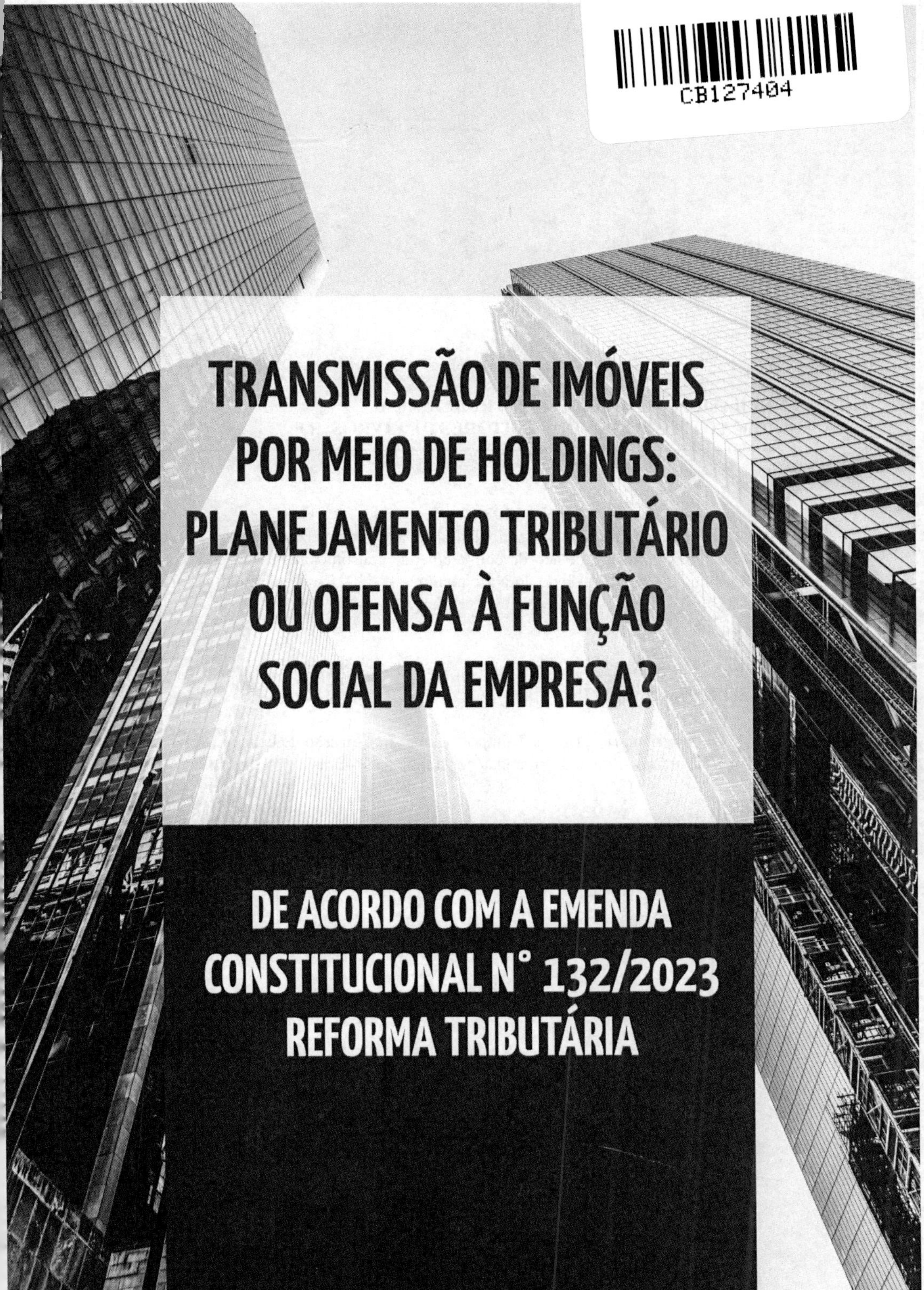

TRANSMISSÃO DE IMÓVEIS POR MEIO DE HOLDINGS: PLANEJAMENTO TRIBUTÁRIO OU OFENSA À FUNÇÃO SOCIAL DA EMPRESA?

DE ACORDO COM A EMENDA CONSTITUCIONAL N° 132/2023 REFORMA TRIBUTÁRIA

CIP-BRASIL. CATALOGAÇÃO NA PUBLICAÇÃO
SINDICATO NACIONAL DOS EDITORES DE LIVROS, RJ

N195t

Nascimento, Jonatas Albino do, 1987-
Transmissão de imóveis por meio de holdings: planejamento tributário ou ofensa à função social da empresa? : de acordo com a emenda constitucional n° 132/2023 : reforma tributária / Jonatas Albino do Nascimento. - 1. ed. - São Paulo : Letras Jurídicas, 2024.
23 cm.

Inclui bibliografia
ISBN 9786589565673

1. Direito tributário - Brasil. 2. Imposto sobre transmissão de bens imóveis - Brasil 3. Reforma tributária - Brasil. 4. Emendas constitucionais - Brasil. I. Título.

24-93207 CDU: 34:336.226.23(81)

Meri Gleice Rodrigues de Souza - Bibliotecária - CRB-7/6439

08/08/2024 09/08/2024

TRANSMISSÃO DE IMÓVEIS POR MEIO DE HOLDINGS: PLANEJAMENTO TRIBUTÁRIO OU OFENSA À FUNÇÃO SOCIAL DA EMPRESA?

DE ACORDO COM A EMENDA CONSTITUCIONAL N° 132/2023 REFORMA TRIBUTÁRIA

CIP-BRASIL. CATALOGAÇÃO NA PUBLICAÇÃO
SINDICATO NACIONAL DOS EDITORES DE LIVROS, RJ

N195t

Nascimento, Jonatas Albino do, 1987-
Transmissão de imóveis por meio de holdings: planejamento tributário ou ofensa à função social da empresa? : de acordo com a emenda constitucional n° 132/2023 : reforma tributária / Jonatas Albino do Nascimento. - 1. ed. - São Paulo : Letras Jurídicas, 2024.
23 cm.

Inclui bibliografia
ISBN 9786589565673

1. Direito tributário - Brasil. 2. Imposto sobre transmissão de bens imóveis - Brasil 3. Reforma tributária - Brasil. 4. Emendas constitucionais - Brasil. I. Título.

24-93207 CDU: 34:336.226.23(81)

Meri Gleice Rodrigues de Souza - Bibliotecária - CRB-7/6439

08/08/2024 09/08/2024

Jonatas Albino do Nascimento

TRANSMISSÃO DE IMÓVEIS POR MEIO DE HOLDINGS: PLANEJAMENTO TRIBUTÁRIO OU OFENSA À FUNÇÃO SOCIAL DA EMPRESA?

DE ACORDO COM A EMENDA CONSTITUCIONAL N° 132/2023 REFORMA TRIBUTÁRIA

1ª Edição – 2024 – Mauá – SP

LETRAS Jurídicas

Capa e Designer:
@armenioalmeidadesigner

Revisão:
César dos Reis

Editor:
Claudio P. Freire

1ª Edição - 2024 - Mauá - SP

LETRAS Jurídicas

Rua Eduardo Prado, 28, Casa 1 - Vila Bocaina
CEP: 09310-500 - Mauá - SP
Telefone/Fax: (11) 4518-2065 - (11) 9-9352-5354
Site: www.letrasjuridicas.com.br
E-mail: vendas@letrasjuridicas.com.br

Impresso no Brasil

Dedico este trabalho à minha esposa, que por horas e horas cuidou da nossa família sozinha, tornando possível a minha conclusão nesta jornada.

Agradecimentos

Deus não poderia ser mais generoso comigo quando me cercou das pessoas e oportunidades que vejo em minha vida. Pais, irmãos, esposa, filhos, colegas de trabalho, amigos, professores do mestrado onde nasce esta obra.

Dentre os colegas de trabalho, à Bruna "Brasil" que se tornou colega de trabalho e amiga. A bondade que dedica às tarefas e pessoas ainda seria gigantesca se dividida entre dez pessoas.

Aos colegas Marcio Fernandes Lima que abriu as portas do ITCMD para mim, confiando em meu trabalho. Aos colegas Érica Kaori, Leonardo Balthar, Guilherme Tavares, Carlos Magno, Jefferson Valentim e Alexandre Agostini a quem, se a História for justa, será atribuída a mudança de patamar da fiscalização do ITCMD que se encontra em curso no Estado de São Paulo, obviamente promovida por tantos outros colegas cujo esforço silente permite mudanças difíceis. Agradeço a honra e oportunidade de trabalhar com vocês.

Aos colegas do núcleo Geral A da UGC/ITCMD que dividiram comigo a loucura que foi 2023. Os que trabalham mais por este país trabalham em silêncio e vocês são prova disso. Inúmeras vezes orientei colegas a não trabalhar mais do que a carga legalmente prevista, pois o senso de dever era mais forte do que o cansaço, não é mesmo, Lucia e Meire?

Mas há nesse grupo os que possibilitam que todo o resto tenha acontecido ou continue acontecendo.

Aos meus pais uma dívida eterna e impagável. A criação, educação e dedicação aos filhos, algo tão caro e cada vez mais substituído por outras prioridades artificiais e efêmeras. No meu esforço diário de honrar meu papel de marido e pai, certamente são a maior inspiração.

À minha esposa, um achado, uma bênção, uma pessoa incrível. Companheira que apenas vacila ao incentivo quando surge a dúvida se minha ideia é uma completa insanidade. Nesses momentos pondera com a natural sabedoria que as mulheres trazem como qualidade comum, tão rara nos homens. Muito menos do que a primeira página desse livro seria possível sem ela.

Tanto durante as aulas como pelas horas e horas de estudo durante o mestrado ela estava primeiramente cuidando da Manuela e, num segundo momento, já no último semestre do curso, também da Sofia.

Esse livro certamente tem um quê de devolver ao mundo uma fração do tanto que recebo, sem a pretensão de igualar, pois certamente está fora do meu alcance.

UNIVERSIDADE DE MARÍLIA

JONATAS ALBINO DO NASCIMENTO

TRANSMISSÃO DE IMÓVEIS POR MEIO DE HOLDINGS: PLANEJAMENTO TRIBUTÁRIO OU OFENSA À FUNÇÃO SOCIAL DA EMPRESA?

DE ACORDO COM A EMENDA CONSTITUCIONAL N° 132/2023 - REFORMA TRIBUTÁRIA

MARÍLIA
2024

Apresentação do Autor

O presente trabalho analisa a transmissão de bens imóveis por meio de pessoas jurídicas à luz dos princípios constitucionais aplicáveis à atividade e econômica e da função social da empresa. Tendo por base a linha de pesquisa atinente às relações empresariais, desenvolvimento econômico e demandas sociais, a dissertação analisa a incidência do imposto sobre transmissão causa mortis e doação no ordenamento jurídico brasileiro.

O estudo se debruça especificamente sobre a utilização de pessoas jurídicas como instrumento de planejamento patrimonial e sucessório, refletindo sobre o atendimento à função social dessas entidades quando utilizadas para tal finalidade. Nesse sentido, inicialmente analisa-se o princípio social da empresa nas normas nacionais, a partir dos preceitos constitucionais a ele relacionados assim como seu histórico e situação atual no contexto normativo brasileiro. Após, é abordada a transmissão as transmissões gratuitas – causa mortis ou doação – no contexto normativo nacional por meio da legislação civil correlata.

Tais transmissões podem ocorrer por meio de utilização das ações ou cotas sociais, eventualmente com propósito específico de planejamento patrimonial e/ou sucessório, que podem envolver economia tributária ou não. Em seguida estuda-se a transmissão gratuita como fato gerador de obrigação tributária, a partir da Constituição Federal e do Código Tributário Nacional para, posteriormente, concluir a análise do tema a partir da doutrina aplicável e jurisprudência mais recente sobre o tema.

Por fim, a partir dos pressupostos fixados, são lançados questionamentos a respeito dos limites na utilização a pessoa jurídica no planejamento patrimonial e sucessório, especialmente quando da transmissão intergeracional gratuita de bens imóveis.

O Autor

Apresentação Especial

Fui gentilmente convidado para fazer a apresentação da presente obra, que deriva da dissertação de mestrado do autor Jonatas Albino do Nascimento. Basicamente, estas singelas linhas reproduzem o que (já) tive a oportunidade de dizer por ocasião das bancas de qualificação e defesa, das quais tive a honra e o compromisso de participar.

Penso que o processo acadêmico somente tem sentido se alinhado com exímio conhecimento técnico de seus entusiastas – sejam eles discentes, sejam docentes. Afinal, trabalhos que se baseiam em meros "achismos" dificultam consideravelmente o processo evolutivo da academia como um todo. Com absoluta certeza, Jonatas não é um "achista"; pelo contrário, é detentor de capacidade científico-profissional que o gabarita a transitar com tranquilidade pelos meandros do campo tributário. Como indivíduo estudioso que é, pôde escrever com alto grau de pureza técnica a dissertação que agora se torna livro. "Ainda bem", inclusive, que se propôs a pesquisar sobre um tema novo, com escassa doutrina. Na ausência de maiores pormenores sobre o assunto, a obra apresentada se torna, ela própria, um pormenor. E, a partir daí, representa leitura obrigatória a todos que, de alguma forma, estudam, direta ou indiretamente, o tema nela proposto.

Como se não bastasse, sua leitura é bastante didática e fluída – como devem ser os estudos paradigmáticos. Temas complexos desafiam "traduções conceituais" que permitam entendê-los sem desconfigurar sua essência. Não se trata de defender o simplismo, cumpre frisar, mas de permitir a transmissão de informações que sejam, efetivamente, absorvidas pelos leitores. Durante as fases acadêmicas do mestrado do autor Jonatas Albino, frisei o processo cooperativo que a obra aqui apresentada representou para meus (humildes) conhecimentos tributários. É dizer, as informações nela contidas, efetivamente, agregaram valores à minha atuação como advogado, autor de livros e professor. Quando um livro consegue isso, pode-se dizer que realmente cumpriu sua "missão".

Por fim, torço para que este livro seja apenas o começo de uma carreira frutuosa do autor Jonatas Albino do Nascimento. Com tantas transformações ocorrendo no direito tributário (*vide* uma recente reforma tributária, com todas as suas potencialidades, regulamentações e problemáticas), penso que o autor pode continuar qualificando conhecimento técnico-acadêmico para o mundo. Sei que sua carreira é atribulada, assim como sei que é marido da Heloisa e pai de duas crianças lindas. Mas sei, também, que isso não representará obstáculo; pelo contrário, será um estímulo para novos estudos e processos acadêmicos.

Que todos os leitores tenham uma leitura prazerosa como eu tive.

Prof. Dr. Rafael Lazari

Advogado, consultor jurídico e parecerista. Pós-Doutor em Democracia e Direitos Humanos pelo Centro de Direitos Humanos da Faculdade de Direito da Universidade de Coimbra/Portugal. Estágio Pós-

-Doutoral pelo Centro Universitário "Eurípides Soares da Rocha", de Marília/SP. Doutor em Direito Constitucional pela Pontifícia Universidade Católica, de São Paulo/SP. Professor da Graduação, do Mestrado e do Doutorado em Direito da Universidade de Marília/SP – UNIMAR. Professor convidado de Pós-Graduação (EBRADI, Projuris Estudos Jurídicos, Aprovação PGE, dentre outros), da Escola Superior de Advocacia e de Cursos preparatórios para concursos e exame da Ordem dos Advogados do Brasil (Dedicação Delta, G7, Vipjus e PCI Concursos). Professor dos Programas "Saber Direito" e "Academia", na TV Justiça, em Brasília/DF. Membro da UJUCASP – União dos Juristas Católicos de São Paulo. Palestrante no Brasil e no exterior. Autor, organizador e participante de inúmeras obras jurídicas, no Brasil e no exterior.

E-mail: prof.rafaeldelazari@hotmail.com

Prefácio

Analisar a utilização de pessoas jurídicas para a transmissão de bens imóveis à luz dos princípios constitucionais aplicáveis à atividade e econômica e da função social da empresa, torna-se importante aspecto a ser refletido no contexto da sociedade. Em contrapartida, o Direito atua como importante instrumento que visa regular e mediar relações em múltiplos contextos sociais e econômicos. Nesse sentido, a presente obra debruçou-se especificamente sobre a utilização de pessoas jurídicas como instrumento de planejamento patrimonial e sucessório, refletindo sobre o atendimento à função social dessas entidades quando utilizadas para tal finalidade.

O autor Jonatas Albino do Nascimento apresenta no presente livro importantes reflexões e análise sobre a transmissão de imóveis por meio de *holdings*. Tal reflexão realizada pelo autor só é possível graças à sua formação sólida e atuação profissional, afinal, é graduado em Ciências Militares pela Academia Militar das Agulhas Negras, pós-graduado em Direito Público pela Faculdade Legale e Mestre em Direito pela Universidade de Marília (UNIMAR). É auditor fiscal da Secretaria da Fazenda e Planejamento do Estado de São Paulo desde 2014, chefiando a fiscalização do ITCMD.

Toda essa bagagem profissional e acadêmica permitiu ao autor construir quatro importantes capítulos. O primeiro capítulo consiste em uma visão geral da função social da empresa na transmissão patrimonial gratuita. Jonatas reflete sobre a propriedade privada na sociedade e no ordenamento jurídico brasileiro, no mesmo capítulo o autor ainda apresenta a função social e solidária da propriedade. Jonatas fecha o primeiro capítulo realizando reflexões sobre os princípios da ordem econômica na Constituição Federal de 1988.

No segundo capítulo, o autor continua a sua reflexão, entretanto no contexto da transmissão *causa mortis* e doação no ordenamento jurídico brasileiro. Inicialmente recapitula a transmissão *causa mortis* e apresenta a sucessão legítima ou testamentária e o inventário enquanto instrumento de formalização da transmissão *causa mortis*. Nesse capítulo, o autor apresenta a doação e seus elementos e requisitos para sua realização.

O terceiro capítulo apresenta a tributação da transmissão gratuita no ordenamento jurídico brasileiro. Nesse sentido, o autor apresenta a modalidade de lançamento do ITCMD, bem com a exigibilidade do imposto e a ausência de norma geral sobre conflitos de competência. Dentro da obra, aspectos importantes são apresentados e refletidos como, por exemplo, a tributação de patrimônios com elementos de conexão com o exterior, sendo esta uma lacuna recentemente corrigida, e a competência para tributar bens em estados diversos. Em seguida, as principais premissas a respeito de base de cálculo no que se refere à espécie tributária em comento.

No quarto e último capítulo, é feita a reflexão a partir dos limites para a transmissão gratuita de imóveis por meio de cotas sociais, assim como a repercussão tributária no que tange à competência quando da comparação entre imóveis e cotas sociais, a partir dos contornos impostos pela Constituição Federal. O capítulo final fecha com a análise sobre a transmissão de cotas sociais integralizadas por meio de imóveis perante os princípios da capacidade contributiva e da isonomia.

Jonatas Albino do Nascimento propicia um olhar diferenciado ao considerar o planejamento tributário e a função social da empresa. O autor reflete e analisa inúmeras perspectivas e, com o seu olhar, proporciona importantes reflexões acerca do tema trabalhado.

Este livro pode auxiliar pesquisadores e profissionais da área jurídica, entretanto, sua leitura pode ser útil para todas as áreas do conhecimento, uma vez que o seu conteúdo perpassa por importantes aspectos jurídicos, tributários, sociais e econômicos.

Prof. Dr. Carlos Francisco Bitencourt Jorge

SUMÁRIO

Introdução

A forma como o ser humano se relaciona com a propriedade diz muito sobre como se organiza uma sociedade. Naturalmente, as dinâmicas sociais não se resumem a tal dinâmica, mas muito pode ser entendido a partir de tal relação.[1]

A apropriação das coisas é uma forma de exteriorização da vontade, da personalidade do gênero humano, por isso a forma como ele interage com a propriedade é tão importante para o entendimento das dinâmicas sociais nas quais se insere.[2]

Essa relação do ser humano com a propriedade se altera a partir das posições ideológicas nas quais se funda uma sociedade, que, naturalmente, poderá sofrer mudanças com o tempo.

Tais mudanças podem se apresentar não apenas na relação do ser humano com a coisa – a partir de uma perspectiva mais intrínseca a essa relação – como entre essa relação e a sociedade na qual ela se dá. A rigor, o estudo das relações entre o ser humano e a propriedade tem cada

1. ALENCAR, José Martiniano de. *A propriedade*. Disponível em: https://bibliotecadigital.stf.jus.br/xmlui/bitstream/handle/123456789/511/53589.pdf?sequence=1. Acesso em: 12 out. 2023.

2 *Ibidem*.

vez mais dado ênfase às suas consequências no âmbito da sociedade.

A consolidação de um Estado Social que se preocupa com as condições mínimas razoáveis para o cidadão surge em reação a questões que o liberalismo não conseguiu solucionar. Nesse contexto, a propriedade, o contrato, as empresas sofrem limitação do fator social que não pode mais ser ignorado.

Se anteriormente, num momento pós-Revolução Francesa, a liberdade e o individualismo se consolidavam para afastar um passado em que o Estado era absoluto e opressor, agora o exercício dessa liberdade não pode se dar de forma despreocupada com o contexto social. A atividade da empresa precisa atender a uma função social.

Nesse contexto, surge a função social da propriedade, constante expressamente tanto de nosso texto constitucional como do nosso Código Civil. A rigor, a partir de uma perspectiva em que não pode o indivíduo fruir de sua propriedade sem levar em conta as consequências à sociedade na qual se insere, as limitações ao uso da propriedade podem ser entendidas mesmo diante de eventual inexistência à citação expressa no texto constitucional e no Código Civil.[3]

O Códex ainda prevê a função social do contrato, a partir do qual, no âmbito da relação contratual, a liberdade dos contratantes não pode ser exercida abusivamente. De forma análoga ao que ocorre com a função social da propriedade, a função social do contrato sofre limitações

---

3. BARROSO, Luís Roberto. *A ordem econômica constitucional e os limites à atuação estatal no controle de preços*. Disponível em: https://bibliotecadigital.fgv.br/ojs/index.php/rda/article/download/47240/44652/0. Acesso em: 13 out. 2023.

a partir do interesse social, não podendo ignorar a coletividade.[4] [5]

A Constituição Federal, ao trazer os fundamentos e princípios da atividade econômica, faz coexistir aqueles que expõem a opção por um modelo de mercado – livre iniciativa, defesa da propriedade privada, livre concorrência – com os que impõem a atividade econômica aos interesses sociais – valorização do trabalho humano, existência digna, submissão aos ditames da justiça social, defesa do consumidor, defesa do meio ambiente, redução das desigualdades regionais e sociais.

Nesse contexto, inserem-se as empresas constituídas – exclusivamente ou não – para atividades de planejamento patrimonial e sucessório, visando aos diversos objetivos, dentre os quais a economia tributária na transmissão patrimonial gratuita. Tais empresas se inserem nesse contexto de limitação da atividade empresarial a partir dos ditames sociais, não sendo a elas exceção.

Organizar o próprio patrimônio e planejar a própria sucessão está dentro dessa liberdade que o cidadão tem, desde que o faça dentro das balizas impostas pela lei. Numa atividade dessa natureza, um dos objetivos que normalmente se persegue é a diminuição de custos com o pagamento de impostos incidentes.

Na realidade brasileira, há diversos princípios na Constituição Federal, em diferentes dispositivos, que limitam a atividade empresarial e impõem a função social. Não se vislumbra atividade econômica que a eles seja exceção, sendo imperativo que pessoas jurídicas constituídas com

---

4. DINIZ, Maria Helena. *Importância da função social da empresa*. Disponível em: https://revista.unicuritiba.edu.br/index.php/RevJur/article/view/2815/371371482. Acesso em: 24 out. 2023.

5. DINIZ, Maria Helena; SANTIAGO, Mariana Ribeiro. *Função Social e Solidária da Posse*. São Paulo: Editora Saraiva, 2023.

a finalidade de planejar patrimônios para transmissões gratuitas também os obedeçam.

No mesmo contexto, é unanimidade na doutrina a existência da função social da empresa, consequência tanto da função social da propriedade como do contrato. A atividade empresarial não pode ser exercida ignorando os ditames sociais, mas a eles limitados, de forma que seu ganho seja coletivo.

A esses mesmos princípios constitucionais se submetem o sistema tributário, que deve observar a redução das desigualdades sociais e regionais como objetivo fundamental da República (artigo 3º, III) e a já citada capacidade contributiva do cidadão (artigo 145, § 1º). Aliás, a partir do objetivo fundamental colocado, seria possível cogitar um sistema tributário que cobre os cidadãos sem levar em conta a capacidade de contribuir de cada um deles?

A transmissão gratuita de bens poderá ocorrer por negócio jurídico *inter vivos* – doação – ou *causa mortis*. Ambas as formas de transmissão encontram suas definições e conceitos no Código Civil.

A Constituição Federal traz, no seu artigo 155, I, a competência constitucional tributária dos estados a respeito de tais transmissões gratuitas por meio do ITCMD – imposto sobre transmissões *causa mortis* e doações. Por isso, para o correto entendimento de tal espécie tributária impõe-se o estudo das duas formas de transmissões gratuitas por ela tributadas.

A doação ocorre a partir da presença de determinados requisitos, definidos pelo Código Civil e estudados pela doutrina, quais sejam: natureza contratual, liberalidade, transmissão patrimonial e aceitação. Os elementos naturalmente experimentam pequena variação entre autores.

Já no que se refere à transmissão *causa mortis*, o Código Civil determina que a personalidade da pessoa natural se encerra com a morte, ocorrendo, de imediato, a transmissão de seus bens e direitos aos herdeiros.[6] Tal disposição é compatível com o princípio da *Saisine*, cuja doutrina majoritária afirma ser presente neste diploma normativo.

A transmissão *causa mortis* poderá ocorrer diante da existência de manifestação de última vontade ou não. Sendo inexistente, proceder-se-á à sucessão legítima, que é aquela em que são chamados os herdeiros conforme a ordem trazida pelo artigo 1.829 do Código Civil, que pressupõe a vontade da pessoa falecida, já que inexistente a disposição de última vontade.

Caso existente tal disposição, deve-se realizar o procedimento de abertura e registro de testamento junto ao Poder Judiciário para verificar sua validade e como ocorrerá a distribuição dos bens e direitos do autor da herança.

A partir do entendimento das hipóteses de transmissão gratuita em termos conceituais, especialmente no que tange à transmissão *causa mortis*, impõe-se o estudo dos meios processuais por meio dos quais se efetivará a transmissão, diante da imposição da realização de inventário e partilha de bens como regra a partir de óbito de pessoa natural que deixe bens e direitos a herdeiros.

Nesse sentido, o Código de Processo Civil traz os procedimentos de abertura e registro de testamento – quando assim for o caso – assim como inventário e partilha dos bens deixados. Os procedimentos de arrolamento sumário, arrolamento comum, inventário judicial e inventário extrajudicial são as vias pelas quais se formaliza a transmissão da herança.

---

6. Código Civil.
Art. 1.784. Aberta a sucessão, a herança transmite-se, desde logo, aos herdeiros legítimos e testamentários.

Nesse contexto, importante frisar a tendência de desjudicialização do procedimento de inventário,[7] que tem na Lei nº 11.441/07, importante marco, a partir da qual passou a existir a hipótese extrajudicial, ainda diante da codificação processual anterior.

Com a publicação do atual Código de Processo Civil, surgem procedimentos judiciais mais simples, comumente referidos na doutrina como arrolamento comum e arrolamento sumário, havendo significativa discussão a respeito da necessidade ou não da comprovação do pagamento do ITCMD nos autos, o que foi dirimido por meio do tema de repercussão geral nº 1.074, apreciado pelo Superior Tribunal de Justiça.

Mudança mais recente nesse sentido é a possibilidade de realização de inventário extrajudicial mesmo diante da existência de testamento, primeiramente trazida pela jurisprudência, mas que começa a se fazer presente nas normas notariais dos estados.

Independentemente da forma por meio da qual se dê a transmissão patrimonial gratuita – doação ou *causa mortis* – e o meio pelo qual se formalize, há incidência tributária do ITCMD, conforme prevista do artigo 155, I, da Constituição Federal.

A criação de pessoas jurídicas, com finalidade de organização patrimonial ou sucessória, comumente chamadas de *holding*, impõe a reflexão sobre o arcabouço normativo aplicável à espécie e suas respectivas conse-quências para as partes interessadas, dentre as quais se encontram os órgãos fazendários, devido à exação tributária.

A incidência tributária pelo ITCMD tem contornos específicos, especialmente pela deficiência no Código Tri-

7. RIBEIRO, Marcelo. *Processo Civil*. Disponível em: https://app.minhabiblioteca.com.br/#/books/9786559646166/. Acesso em: 3 nov. 2023.

butário Nacional a respeito desta norma tributária, dada a vigência deste antes da criação daquela.

Serão analisadas *nuances* das bases de cálculos aplicadas no caso de transmissão de imóveis como tal ou por meio de ações ou cotas sociais, assim como seus efeitos tributários, tendo por base a função social da empresa, ou seja, analisando a finalidade da empresa e suas relações jurídicas a partir não só da perspectiva individual, mas no âmbito da sociedade, tendo em vista as consequências para a coletividade.

Os bens imóveis, no contexto da transmissão patrimonial gratuita, têm especial importância por serem ativos que em regra possuem valor significativo, sendo envolvidos em negócios jurídicos de naturezas diversas, que podem, a depender dos detalhes de cada caso, ofender direitos de familiares, credores ou mesmo o Estado, por meio do que se convencionou chamar de *"holding familiar"*.

Diante desses aspectos, importantes questões se impõem. Como entender os limites entre elisão e evasão fiscal na integralização de bens imóveis para posterior transmissão gratuita? Há ofensa a princípios constitucionais do Direito Tributário como capacidade contributiva e isonomia? Ainda que diante de respeito ao Direito de Família, Direito de Sucessões e outras normas aplicáveis conforme o caso, o fisco é obrigado a aceitar as formas apresentadas para fins de tributação pelo ITCMD?

O contexto apresentado justifica o estudo da transmissão de imóveis por meio de pessoas jurídicas, a partir da integralização de cotas sociais visando, ao menos, dois pontos distintos: as consequências da prática diante do sistema tributário nacional visto sob o aspecto da arrecadação e conflito de competências entre estados; a perspectiva do contribuinte quando considerada a sua possibilidade ou não de acesso a instrumentos de planejamento patrimonial e sucessório.

O presente livro se originou de dissertação apresentada no âmbito da Linha 1 de pesquisa do PPGD UNIMAR (Relações Empresariais, Desenvolvimento e Demandas Sociais), que trata de pesquisas relacionadas ao desenvolvimento econômico, à empresa e seu papel no contexto da sociedade brasileira.

Se por um lado as discussões levantadas na presente obra certamente não se esgotam aqui, por outro são enfrentadas questões cruciais para uma espécie tributária que se encontra em um crescente de importância, diante do provável aumento geral da carga tributária de ITCMD pelo Brasil como consequência da Reforma Tributária e da proliferação do planejamento patrimonial e sucessório e suas múltiplas possibilidades.

1. Função Social da Empresa na Transmissão Patrimonial Gratuita e o Contexto Tributário no qual se Insere

Inicialmente impõe-se a compreensão da utilização da empresa como meio de planejamento patrimonial e sucessório, tendo como potencial finalidade a economia no recolhimento do ITCMD – imposto sobre transmissão *causa mortis* e doações, dentre outras possíveis vantagens.

Nesse contexto, é necessária a análise da empresa a partir da sua interação com os outros atores da sociedade e o que dela se espera. Inevitavelmente passa-se pela compreensão de como o ser humano se relaciona com a propriedade e, como consequência dessa relação, como se relaciona com a empresa e com a sociedade como um todo.

À empresa, vista sob a perspectiva de consequência da relação do ser humano com a coisa, com a propriedade, impõe-se uma leitura que não ignore as consequências da sua atividade aos demais integrantes da sociedade. É o que hodiernamente tem sido referido como função social da empresa ou, mais recentemente, função solidária. Ressalte-se, termos com conteúdos diferentes, como será a seguir exposto.

Em consonância com os objetivos gerais do presente livro, ainda como objetivo do presente capítulo, será exposto o contexto tributário no qual se insere uma empresa que promova atividades no Brasil, com o cuidado de separar as finalidades para as quais as empresas possam se voltar, podendo ser atividade produtiva ou apenas a transmissão gratuita intergeracional de riquezas.

1.1 A propriedade privada na sociedade e no ordenamento jurídico brasileiro

Ao se estudar as dinâmicas de uma sociedade, é crucial o entendimento do relacionamento do ser humano com a propriedade, seja individualmente, seja coletivamente. Alencar leciona que apropriar-se do mundo exterior é manifestação da expansão da personalidade humana:

> Desde o primeiro instante da sua constituição a sociedade soffre o jugo ignobil da propriedade. O meu, expansão da personalidade humana, tendia naturalmente á realisar-se, á reproduzir-se sob uma forma sensivel. A occupação deve ter sido o primeiro symbolo e a primeira consciencia do direito. Foi sem duvida quando projectou sobre o mundo physico a sua acção, que o homem teve a intenção da sua nobreza jurídica.[8]

8. ALENCAR, José Martiniano de. *A propriedade*. Disponível em: https://bibliotecadigital.stf.jus.br/xmlui/bitstream/handle/123456789/511/53589.pdf?sequence=1. Acesso em: 12 out. 2023.

Naturalmente tal relacionamento sofre mudanças de acordo com o contexto histórico em que for analisado. Inicialmente a propriedade possuía um sentido mais comunitário, quando da sua abordagem nos primórdios da civilização. Já na era romana, há um sentido mais individualista.[9]

Independentemente no momento histórico em análise ou da ideologia que venha a permear o estudo, a propriedade se mostra como fundamental para o desenvolvimento do ser humano.[10]

A Declaração dos Direitos do Homem e do Cidadão traz o direito à propriedade em seu artigo 2º. Por sua vez, a Declaração dos Direitos Humanos, proclamada pela ONU em 1948, traz a previsão no seu artigo 17.[11]

A Constituição de 1824, a primeira Constituição brasileira, sofre considerável influência da Constituição francesa de 1814. Se por um lado exprimia forte centralismo político, trouxe a previsão de direitos que mostravam que os ares de liberdade emanados pela Revolução Francesa chegaram às terras brasileiras.[12] O artigo 179 do citado diploma normativo traz o seguinte:

---

9. DINIZ, Maria Helena; SANTIAGO, Mariana Ribeiro. *Função Social e Solidária da Posse*. São Paulo: Editora Saraiva, 2023.

10. GAIOSKI, Lucas Augusto. *Direitos fundamentais, a propriedade e a função social: a função social da propriedade como fundamento do desenvolvimento econômico, político e social*. Disponível em: https://www.redalyc.org/journal/5863/586364222004/586364222004.pdf. Acesso em: 9 out. 2023.

11. Declaração dos Direitos Humanos.
Artigo 17
1. Todo ser humano tem direito à propriedade, só ou em sociedade com outros.
2. Ninguém será arbitrariamente privado de sua propriedade.

12. ROCHA, Cristian Alberto Gazoli da. *A função social da propriedade pública*. Disponível em: https://portal.unimar.br/site/public/pdf/dissertacoes/E61444F5F1819045AAFE6CF742EF7884.pdf. Acesso em: 12 out. 2023.

> Art. 179. A inviolabilidade dos Direitos Civis, e Politicos dos Cidadãos Brazileiros, que tem por base a liberdade, a segurança individual, e a propriedade, é garantida pela Constituição do Imperio, pela maneira seguinte.

Nesse sentido, o direito à propriedade constou de todas as Constituições brasileiras,[13] estando previsto como garantia fundamental no artigo 5º, inciso XXII, na atual Constituição.

A propriedade se mostra fundamental para que o indivíduo se desenvolva no seio da sociedade,[14] ocupando sua tutela pelo ordenamento jurídico papel central às garantias de direitos ao cidadão.

No entanto, tal desenvolvimento não deve ser considerado a partir de uma perspectiva individualista, uma vez que o desenvolvimento social se apoia no desenvolvimento individual. Ou seja, a proteção à propriedade mostra-se fundamental não apenas para o desenvolvimento individual, mas para o desenvolvimento sob um aspecto coletivo, social.[15]

1.2 Função social e solidária da propriedade

Nesse sentido, a leitura do direito à propriedade hodiernamente impõe restrições ao direito em prol da coleti-

---

13. *Ibidem*.

14. DINIZ, Maria Helena; SANTIAGO, Mariana Ribeiro. *Função Social e Solidária da Posse*. São Paulo: Editora Saraiva, 2023.

15. GAIOSKI, Lucas Augusto. *Direitos fundamentais, a propriedade e a função social: a função social da propriedade como fundamento do desenvolvimento econômico, político e social*. Disponível em: https://www.redalyc.org/journal/5863/586364222004/586364222004.pdf. Acesso em: 9 out. 2023.

vidade. O relacionamento entre o ser humano e a propriedade deve ser entendido a partir tanto da relação direta e individual entre o proprietário e o bem ou direito, como com a sociedade em que se dá esse relacionamento e recebe consequências diretas ou indiretas da sua fruição.

Tal afirmação ocorre em um contexto em que a autonomia privada sofre limitações a partir de um conceito clássico de liberdade individual surgido na Revolução Francesa, mormente pelas mudanças trazidas no contexto do surgimento do Estado Social.[16]

A Constituição Federal, nos seus artigos 1º e 3º, que trazem respectivamente os fundamentos e objetivos fundamentais da República, segue essa diretriz. Se por um lado encontram-se os valores sociais do trabalho e da livre iniciativa, a garantia do desenvolvimento regional, por outro há a cidadania, a dignidade da pessoa humana, a construção de uma sociedade livre, justa e solidária, a erradicação da pobreza e marginalização e a redução de desigualdades sociais.

Não se pretende diminuir a importância da carga semântica e discussões doutrinárias acerca de cada um dos institutos trazidos pelos dispositivos citados, mas expor a imposição constitucional de coexistência e harmonia entre desenvolvimento econômico tendo por base características de uma sociedade de mercado, que naturalmente tem na garantia da propriedade um direito fundamental, e o desenvolvimento social.

Diniz e Santiago, nesse sentido, expõem, após citarem os artigos 1º, III e IV (dignidade da pessoa humana e valores sociais do trabalho e da livre iniciativa), 5º, XXIII (a propriedade atenderá à sua função social) e 170, III (função social da propriedade):

---

16. DINIZ, Maria Helena; SANTIAGO, Mariana Ribeiro. *Função Social e Solidária da Posse*. São Paulo: Editora Saraiva, 2023.

> Assim, o primeiro confronto entre o pensamento liberal e a tendência socializante da época atual ocorreu em detrimento da propriedade, sendo pacífica, atualmente, a concepção de que a propriedade é um direito limitado.[17]

Ressalte-se o inciso IV do artigo 1º, que traz os valores sociais do trabalho e da livre iniciativa, vincula a ação do Estado e interpretação de normas constitucionais e infraconstitucionais, assim como os agentes da ordem econômica, sejam eles públicos, sejam particulares.[18] Trata-se de princípios e fundamentos que precisam coexistir diante do exercício da atividade empresarial, que sofre limitações no texto constitucional para que atenda à sua função social.[19]

Em outros termos, a compatibilidade do resultado da atividade empresarial com o ordenamento jurídico não será analisada a partir da perspectiva do resultado apenas para os indivíduos que a promovem, mas para a sociedade, para o contexto social no qual se insere.

Como visto anteriormente, as constituições brasileiras sempre trouxeram a proteção à propriedade, mas não se pode dizer o mesmo da submissão de tal direito aos interesses sociais.

A primeira Constituição brasileira a trazer o interesse social como condicionante do direito de propriedade foi

---

17. DINIZ, Maria Helena; SANTIAGO, Mariana Ribeiro. *Função Social e Solidária da Posse*. São Paulo: Editora Saraiva, 2023. p. 81.

18. BARROSO, Luís Roberto. *A ordem econômica constitucional e os limites à atuação estatal no controle de preços*. Disponível em: https://bibliotecadigital.fgv.br/ojs/index.php/rda/article/download/47240/44652/0. Acesso em: 13 ou.t 2023.

19. SANTIAGO, Mariana Ribeiro; CAMPELLO, Lívia Gaigher Bósio. Função social e solidária da empresa na dinâmica da sociedade de consumo. Rio de Janeiro: *Revista da Faculdade de Direito da UERJ*, nº 32, 2017.

a de 1934. Por sua vez, a Constituição de 1946 trazia a possibilidade de expropriação diante do desrespeito ao interesse social. Já a Constituição de 1967 é a primeira a trazer a expressão "função social".[20]

O Código Civil de 1916 não trazia qualquer menção à função social da propriedade, diante da forte influência do individualismo típico do século XIX.[21]

A Constituição Federal de 1988 traz expressamente no seu artigo 5º a proteção à propriedade e a obrigação do cumprimento da função social como também no artigo 182, § 2º, e 186.

> Art. 5º [...]
>
> XXII - é garantido o direito de propriedade;
>
> XXIII - a propriedade atenderá a sua função social.
>
> Art. 182. A política de desenvolvimento urbano, executada pelo Poder Público municipal, conforme diretrizes gerais fixadas em lei, tem por objetivo ordenar o pleno desenvolvimento das funções sociais da cidade e garantir o bem-estar de seus habitantes.
>
> § 2º A propriedade urbana cumpre sua função social quando atende às exigências fundamentais de ordenação da cidade expressas no plano diretor.
>
> Art. 186. A função social é cumprida quando a propriedade rural atende, si-

---

20. DINIZ, Maria Helena; SANTIAGO, Mariana Ribeiro. *Função Social e Solidária da Posse*. São Paulo: Editora Saraiva, 2023.

21. *Ibidem*.

> multaneamente, segundo critérios e graus de exigência estabelecidos em lei, aos seguintes requisitos:
>
> I - aproveitamento racional e adequado;
>
> II - utilização adequada dos recursos naturais disponíveis e preservação do meio ambiente;
>
> III - observância das disposições que regulam as relações de trabalho;
>
> IV - exploração que favoreça o bem-estar dos proprietários e dos trabalhadores.

Se por um lado a função social da propriedade preconiza que as políticas públicas imponham ao exercício da propriedade o respeito aos interesses da coletividade, igualmente obriga os proprietários quando da fruição de seus direitos.[22]

Não cabe, nesse contexto, uma interpretação da autonomia privada a partir de uma visão essencialmente individualista, dadas as limitações impostas pelo Estado Social, nos séculos XIX e XX. Se por um lado a posse e a propriedade de bens particulares motivam o cidadão e permitem que satisfaça necessidades físicas e morais, por outro é fundamental seu papel na sociedade, inclusive pela função social que exercem.[23]

O proprietário de determinado bem ou direito tem, a partir da relação que será com ele estabelecida, o potencial de criar riqueza no âmbito da sociedade. Nesse contexto, o uso da propriedade deve ocorrer em consonância

---

22. AGUILLAR, Fernando H. Direito Econômico. Disponível em: https://app.minhabiblioteca.com.br/#/books/9788597021974/. Acesso em: 8 out. 2023.

23. DINIZ, Maria Helena; SANTIAGO, Mariana Ribeiro. *Função Social e Solidária da Posse*. São Paulo: Editora Saraiva, 2023.

com esse potencial de riqueza a ser criado. Do proprietário, espera-se que maximize a riqueza da sociedade a partir da fruição de seu direito, de forma que não apenas ele seja beneficiário dessa relação, mas a sociedade como um todo.[24]

Diniz e Santiago defendem a existência de uma função solidária da posse, diante do princípio da solidariedade, o que extrapola a estrita obediência às normas, direcionando o cidadão a agir considerando seu próximo, valorizando a dignidade do ser humano e a responsabilidade social de todos.[25]

O ordenamento jurídico impõe limites aos extremos da fruição da propriedade, seja pela sua inutilização ou subutilização, seja pelo pleno uso em desrespeito aos interesses sociais.

Por sua vez, o Código Civil atual aborda a função social do contrato no seu artigo 421, que afirma que "a liberdade contratual será exercida nos limites da função social do contrato".

A função social do contrato pode ser entendida a partir de duas perspectivas. Uma interna, em que iguala os contratantes e, juntamente com o princípio da boa-fé previsto no artigo 422, também do Código Civil, afasta comportamentos egoísticos; e outra externa, em que impõe limitações aos efeitos que esse contrato irá trazer à sociedade.[26]

---

24. FILHO, Rodolfo Pamplona. *Breves Reflexões sobre o Princípio da Função Social*. Disponível em: https://revistas.unifacs.br/index.php/redu/article/view/8342/4914 Acesso em: 9 out. 2023.

25. DINIZ, Maria Helena; SANTIAGO, Mariana Ribeiro. *Função Social e Solidária da Posse*. São Paulo: Editora Saraiva, 2023.

26. JR., Humberto T. *O Contrato e sua Função Social*, 4ª edição. Disponível em: https://app.minhabiblioteca.com.br/#/books/978-85-309-5653-0/. Acesso em: 16 nov. 2023.

Nesse sentido, Rodrigues e Régis:

> Com efeito, a função social do contrato também figura como elemento de controle interno do exercício da autonomia privada, com a finalidade de impor que a liberdade contratual somente será merecedora de tutela jurídica quando, ao lado dos interesses contratuais, de natureza individual, também os interesses socialmente relevantes forem atendidos.[27]

Diante da função social da propriedade e do contrato, expressamente constantes da Constituição e do Código Civil, coube à doutrina responder a respeito de eventual existência de uma função social da empresa.

Tendo por base o citado artigo 421 do Código Civil e a imposição da função social ao empresário, coletivo ou individual, Diniz leciona o seguinte:

> [...] o contrato ou estatuto social deverá perseguir a função econômica e a social, exigidas pelo art. 421 do Código Civil, mero corolário do princípio constitucional da função da propriedade e da justiça, norteador da ordem econômica. O art. 421 institui, expressamente, a função social do contrato, revitalizando-o para atender a interesses sociais, limitando o arbítrio dos contratantes, para tutelá-los no seio da coletividade, criando condições para o equilíbrio econômico-contratual, faci-

27. RODRIGUES, Cássio Monteiro; RÉGIS, Erick da Silva. *Função social da empresa em tempos de crise*: desafios à sua realização em virtude da pandemia da COVID-19. Disponível em: https://rbdcivil.ibdcivil.org.br/rbdc/article/view/606/405. Acesso em: 16 nov. 2023.

> litando o reajuste das atividades ou das prestações e até mesmo sua resolução. E o empresário (individual ou coletivo) deverá acatar o princípio da boa-fé objetiva (CC, art. 422), para assegurar condições mais justas na execução da atividade econômica organizada. Pela teoria da função social empresa, o empresário e a sociedade empresária deverão ter o poder-dever de, no desenvolvimento de sua atividade, agir a serviço da coletividade.[28]

Por sua vez, Pompeu e Santiago afirmam que "a função social da empresa é instituto jurídico que alberga, em sentido *latu*, valores econômicos, sociais e jurídicos. Tal assertiva comprova-se pelos próprios efeitos desse instituto no mundo dos fatos, pois quando uma empresa se mantém eficazmente produtiva, além de gerar lucro para os sócios, é fonte de emprego e renda, colaborando para o desenvolvimento da economia".[29]

Ou seja, a atividade empresarial, no contexto de uma economia em que a propriedade do indivíduo é tutelada pelo ordenamento jurídico, deve ser compreendida também a partir de sua função social, pelo potencial de benefícios que pode gerar para a coletividade. A atividade econômica deve atender à justiça social, que se coloca dentre as finalidades básicas do Estado.[30]

---

28. DINIZ, Maria Helena. *Importância da função social da empresa*. Disponível em: https://revista.unicuritiba.edu.br/index.php/RevJur/article/view/2815/371371482. Acesso em: 24 out. 2023.

29. POMPEU, Gina Vidal Marcílio; SANTIAGO, Andreia Maria. *Função social da empresa*: análise doutrinária e jurisprudencial face às decisões do STJ. Disponível em: https://pdfs.semanticscholar.org/fadc/64c1be0ff92a199872b0586f2b1709fca6d2.pdf Acesso em: 10 out. 2023. p. 13.

30. FIGUEIREDO, Leonardo V. *Direito Econômico*. Disponível em: https://app.minhabiblioteca.com.br/#/books/9788530993290/. Acesso em: 8 out. 2023.

Esse atendimento se revela a partir do uso, da fruição do direito do proprietário ou possuidor, pois a correta compreensão se dá a partir da relação de determinado instituto jurídico com a sociedade.[31]

A função social da empresa se impõe à atividade empresarial independentemente da sua natureza específica. Dessa regra não podem fugir as pessoas jurídicas criadas para administração e planejamento patrimonial ou sucessório.

Tais entidades têm como objetivo não apenas o direcionamento patrimonial conforme vontade de quem realiza o planejamento, mas buscar meios para a diminuição da carga tributária na transmissão patrimonial intergeracional. Lima expõe o objetivo de tais planejamentos da seguinte forma:

> Da mesma forma, atualmente o planejamento tributário é de extrema importância, particularmente no que se refere à utilização de expedientes lícitos, previstos em lei ou decorrentes de sua omissão, para que seja reduzida a carga tributária que, no Brasil, é uma das maiores do mundo. Sejam as pessoas físicas ou jurídicas, existe a necessidade de se otimizar os ganhos auferidos com o trabalho ou atividade desenvolvida, diminuindo legalmente as quantias a serem pagas ao Estado, possibilitando o investimento desses valores em outras atividades ou

31. FILHO, Rodolfo Pamplona. *Breves Reflexões sobre o Princípio da Função Social*. Disponível em: https://revistas.unifacs.br/index.php/redu/article/view/8342/4914. Acesso em: 9 out. 2023.

> serviços que possam proporcionar melhor qualidade de vida aos interessados.[32]

Como exposto pelo próprio autor, a finalidade primeira do planejamento patrimonial não é o investimento em atividades produtivas no âmbito da uma empresa, mas o aumento da qualidade de vida dos interessados.

No contexto de um planejamento patrimonial e sucessório, múltiplos instrumentos podem ser utilizados, a depender, principalmente, da finalidade que se pretende alcançar. A criação de pessoas jurídicas é um desses instrumentos, muitas vezes referidas como *holdings*.

Mamede e Mamede trazem os significados do termo em sentido amplo e em sentido estrito.

> *Holding* (ou *holding company*), em sentido estrito, é uma sociedade que detém participação societária em outra ou de outras sociedades, tenha sido constituída exclusivamente para isso (sociedade de participação) [...]. Em sentido largo, é uma sociedade patrimonial, ou seja, pessoa jurídica constituída para ser a titular de um patrimônio.[33]

Hodiernamente, muito se utiliza o termo "*holding familiar*" a pessoas jurídicas nas quais se insere o patrimônio de uma determinada família para, a partir desde momento, realizar operações de proteção e planejamento.

---

32. LIMA, Gustavo Rodrigues dos Santos. *O desenvolvimento das holdings familiares no Brasil como instituto de planejamento sucessório e tributário*. Disponível em: https://portal.unimar.br/site/public/pdf/dissertacoes/9FAF257E7B154EA6198BD91E0084A50E.pdf. Acesso em: 19 jan. 2023.

33. MAMEDE, Gladston; MAMEDE, Eduarda Cotta. *Holding familiar e suas vantagens*. Planejamento jurídico e econômico do patrimônio e da sucessão familiar. Barueri: Grupo GEN, 2022.

Não faz parte dos objetivos da presente obra analisar a fundo eventuais diferenças de significados que o termo possa ter para um ou outro autor, mas a utilização por pessoas jurídicas, independentemente da classificação a elas atribuídas, para planejamento patrimonial e sucessório, especialmente no que tange à transmissão de imóveis.

Isso porque, como será demonstrado posteriormente, o cerne do problema abordado não encontra ligação com a eventual classificação da pessoa jurídica utilizada no planejamento.

Ainda, novamente, agora por meio do significado do termo *holding*, expõe-se que a finalidade de tais entidades não é, ao menos originalmente, investimento em atividades produtivas. Ou, ainda que exista atividade produtiva, a pessoa jurídica provocará uma mudança no critério de valoração do bem transmitido que não encontra harmonia com os princípios aplicáveis à hipótese.

Com a difusão da ideia de planejamento patrimonial e sucessório no país, impõe-se como necessário analisar o impacto dos instrumentos utilizados na sucessão em si. Visto que, além dos recebedores do patrimônio, há eventuais outros interessados como credores, Ministério Público e órgãos fazendários, estes últimos no contexto da exação tributária.

Ressalte-se, por meio de relatório que trata da tributação da herança nos países integrantes a OCDE é apontado que um dos principais fatores que deterioram a base de cálculo da tributação sobre a herança é a utilização de instrumentos específicos de planejamento patrimonial e sucessório.[34]

---

34. OCDE. *Inheritance taxation in OCDE countries*. Disponível em: https://www.oecd.org/tax/tax-policy/inheritance-taxation-in-oecd-countries-brochure.pdf. Acesso em: 19 jul. 2022.

Em outros termos, estando a criação de uma empresa voltada para execução de um planejamento patrimonial e sucessório sujeita aos ditames constitucionais, estará, consequentemente, limitada pelos valores sociais quando da realização da sua atividade-fim, a transmissão patrimonial intergeracional em vida ou por ocasião da morte. No mesmo sentido, o ordenamento jurídico deve se dispor de forma que tais atividades sejam exercidas conforme os interesses sociais.

Especialmente sob a ótica tributária, a utilização de instrumentos de planejamento contrapõe interesses particulares e públicos, na medida em que tendem a diminuir a tributação – para um, custo, para outro, arrecadação. Naturalmente alguns instrumentos testarão as normas e princípios aplicáveis, sendo, inevitavelmente, o Poder Judiciário a trazer a interpretação e limites a cada recurso.

1.3 Princípios da ordem econômica na Constituição Federal de 1988

A Constituição Federal, ao abordar a ordem econômica, protege simultaneamente o direito à propriedade, a liberdade de iniciativa, a livre concorrência, os ditames sociais, a solidariedade. Se por um lado a economia de mercado tem suas bases albergadas pelos dispositivos constitucionais, por outro não se pode cogitar o desprezo às consequências sociais que venha a ocasionar.

O artigo 170 da Constituição Federal traz os princípios da ordem econômica, havendo princípios naturais à atividade econômica coexistindo com uma profunda preocupação com o espectro social.

> Art. 170. A ordem econômica, fundada na valorização do trabalho humano e na

> livre iniciativa, tem por fim assegurar a todos existência digna, conforme os ditames da justiça social, observados os seguintes princípios:
>
> I - soberania nacional;
>
> II - propriedade privada;
>
> III - função social da propriedade;
>
> IV - livre concorrência;
>
> V - defesa do consumidor;
>
> VI - defesa do meio ambiente, inclusive mediante tratamento diferenciado conforme o impacto ambiental dos produtos e serviços e de seus processos de elaboração e prestação;
>
> VII - redução das desigualdades regionais e sociais;
>
> VIII - busca do pleno emprego;
>
> IX - tratamento favorecido para as empresas de pequeno porte constituídas sob as leis brasileiras e que tenham sua sede e administração no País.
>
> Parágrafo único. É assegurado a todos o livre exercício de qualquer atividade econômica, independentemente de autorização de órgãos públicos, salvo nos casos previstos em lei.

O trabalho humano é o primeiro fundamento da ordem econômica, de forma a permitir o acesso ao trabalho ao cidadão, garantindo dignidade à sua existência. Nesse sentido, impõem-se "ao Estado uma gama de obrigações, entre elas a própria criação de possibilidades de emprego, além de diversos direitos sociais".[35]

A livre iniciativa não é tutelada pela Constituição Federal apenas no artigo 170, *caput*, constando também do artigo 1º, IV, por exemplo. Trata-se de meio para que se garanta a existência digna ao indivíduo por meio do trabalho humano, podendo qualquer atividade no âmbito econômico ser exercida sem a oposição estatal.[36] Tal princípio abrange a liberdade de concorrência e a liberdade de empresa ou indústria.

Cretella Jr. correlaciona a livre iniciativa com o valor social que dela deve advir, afirmando que:

> [...] se a livre iniciativa é a possibilidade de agir antes de qualquer outro, sem influência externa, como uma expressão da liberdade, o valor social, no caso, significa que essa atividade deve ser socialmente útil e que se procurará a realização da justiça social, do bem-estar social.[37]

Aguillar aponta o princípio da liberdade de iniciativa baseando-se não apenas no artigo 170, como também no artigo 5º, incisos XIII e XVII a XXI (direito à propriedade e liberdade de associação, respectivamente), e artigo 173 (exploração da atividade econômica pelo Estado).[38]

---

35. FRAPORTI, Simone; REIS, Zaida C.; FERRARI, Fernanda L. et al. Teoria geral da empresa. Disponível em: https://app.minhabiblioteca.com.br/#/books/9788595024434/. Acesso em: 16 nov. 2023.

36. SALEME, Edson R. *Direito Constitucional.* Disponível em: https://app.minhabiblioteca.com.br/#/books/9786555766370/. Acesso em: 8 out. 2023.

37. SANTIAGO, Mariana Ribeiro; CAMPELLO, Lívia Gaigher Bósio. Função social e solidária da empresa na dinâmica da sociedade de consumo. Rio de Janeiro: *Revista da Faculdade de Direito da UERJ*, nº 32, 2017. p. 10.

38. AGUILLAR, Fernando H. *Direito Econômico*. Disponível em: https://app.minhabiblioteca.com.br/#/books/9788597021974/. Acesso em: 8 out. 2023.

Nas palavras do autor, tais dispositivos "em conjunto, compõem um estatuto principiológico do modo de produção capitalista, que impõe diversas consequências para a forma de organização das atividades econômicas".[39]

Outra leitura possível do princípio da livre iniciativa impõe que o Estado, em regra, não pode restringir a atividade econômica, salvo em casos em que seja necessário para a proteção ao consumir ou à sociedade em geral.[40]

Por ocasião do questionamento de dispositivos da Lei nº 8.039/1990, que versava sobre critérios de reajuste de mensalidade escolar, o relator Ministro Moreira Alves destaca que a Constituição de 1988 deu maior ênfase às limitações da livre iniciativa em favor da justiça social, citando não só o constante do *caput* do artigo 170, como o artigo 1º, IV, que traz os fundamentos do Estado Democrático de Direito.[41]

Se por um lado há princípios que têm por base a atividade econômica e a liberdade (propriedade privada, livre concorrência, busca do pleno emprego), por outro há princípios de conteúdo essencialmente social (função social da propriedade, defesa do consumidor, redução de desigualdades regionais e sociais). Na abordagem e entendimento dos princípios da atividade econômica, a justiça social deve ser entendida como uma consequência dos demais princípios.[42]

---

39. *Op. cit.*, p. 160.

40. FIGUEIREDO, Leonardo V. *Direito Econômico*. Disponível em: https://app.minhabiblioteca.com.br/#/books/9788530993290/. Acesso em: 8 out. 2023.

41. AGUILLAR, Fernando H. *Direito Econômico*. Disponível em: https://app.minhabiblioteca.com.br/#/books/9788597021974/. Acesso em: 8 out. 2023.

42. FRAPORTI, Simone; REIS, Zaida C.; FERRARI, Fernanda L. *et al. Teoria geral da empresa*. Disponível em: https://app.minhabiblioteca.com.br/#/books/9788595024434/. Acesso em: 16 nov. 2023.

Barroso ressalta a ausência de homogeneidade funcional entre os princípios previstos no artigo 170, dividindo-os em dois grupos: princípios de funcionamento, que trazem parâmetros de convivência entre os agentes da ordem econômica (soberania nacional, propriedade privada, função social da propriedade, livre concorrência, defesa do consumidor e defesa do meio ambiente); e princípios fins, que descrevem realidades que devem ser alcançadas (existência digna para todos, redução das desigualdades regionais e sociais, busca do pleno emprego e expansão das empresas de pequeno porte constituídas sob as leis brasileiras e que tenham sede e administração no País).[43]

O inciso I traz o princípio da soberania, que se impõe tanto externa como internamente. Se nas relações com outros países sua manifestação representa a não submissão a outra nação ou órgão internacional, internamente os agentes da ordem econômica devem obediência às normas nacionais, sendo a reserva de mercado em setor estratégico um exemplo.[44]

Os incisos II e III trazem, respectivamente, a propriedade privada e a função social da propriedade. A função da propriedade privada "como princípio setorial da ordem econômica é, em primeiro lugar, assegurar a todos os agentes que nela atuam ou pretendam atuar a possibilidade de apropriação privada dos bens e meios de produção".[45]

O respeito à propriedade privada se impõe tanto aos particulares como ao Estado, que apenas poderá restringir

43. BARROSO, Luís Roberto. *A ordem econômica constitucional e os limites à atuação estatal no controle de preços*. Disponível em: https://bibliotecadigital.fgv.br/ojs/index.php/rda/article/download/47240/44652/0. Acesso em: 13 out. 2023.

44. BARROSO, Luís Roberto. *A ordem econômica constitucional e os limites à atuação estatal no controle de preços*. Disponível em: https://bibliotecadigital.fgv.br/ojs/index.php/rda/article/download/47240/44652/0. Acesso em: 13 out. 2023.

45. *Ibidem*.

tal direito diante de hipóteses constitucionalmente previstas.

Conforme exposto alhures, a propriedade privada já sofreria limitações de seu exercício ainda que não houvesse menção expressa ao princípio da função social da propriedade,[46] que se mostra, no texto constitucional, tanto no artigo 5º, XXIII, como no artigo 170, como princípio da ordem econômica.

O inciso IV traz o princípio da livre concorrência, que expõe a opção do constituinte pela economia de mercado, sendo, em regra, livre a concorrência por mercado entre os agentes, desde que nos limites da lei, e livre a escolha dos produtos pelos consumidores.

Não se pode, portanto, confundir a livre iniciativa, constante do *caput* do artigo 170, com a livre concorrência, constante do inciso IV. Em que pese aquele ser nomeado como fundamento e este como princípio, comumente na doutrina ambos são referidos como princípios.

Por sua vez, a livre concorrência diz respeito à disputa de forças no âmbito do mercado, desde que por meios lícitos. Pode ser entendida como um desdobramento do princípio da livre iniciativa, mas com ele não se confunde.[47]

Nesse sentido leciona Figueiredo ao afirmar que a livre concorrência "é um dos alicerces da economia liberal, sendo corolário da livre iniciativa, isto é, só existirá a livre concorrência onde o Estado garante a livre iniciativa".[48]

---

46. DINIZ, Maria Helena; SANTIAGO, Mariana Ribeiro. *Função Social e Solidária da Posse*. São Paulo: Editora Saraiva, 2023.

47. PEREIRA, Andresa Semeghini; CARNEIRO, Adeneele Garcia. *A importância dos princípios da livre concorrência e da livre iniciativa para a manutenção da ordem econômica do Brasil*. Disponível em: https://periodicos.set.edu.br/direito/article/view/2080. Acesso em: 8 out. 2023.

48. FIGUEIREDO, Leonardo V. *Direito Econômico*. Disponível em: https://app.minhabiblioteca.com.br/#/books/9788530993290/. Acesso em: 8 out. 2023.

A defesa do consumidor está prevista no inciso V. O mercado nem sempre tem êxito em se autorregular, restando para o consumidor, por vezes, consequências de comportamentos abusivos, visto ser a parte mais frágil na relação de consumo.

Trata-se de princípio ao qual está vinculada a iniciativa privada, mas que impõe ao Estado a obrigação de disciplinar agentes que venham a desrespeitar as normas aplicáveis e proteger o consumidor, além de garantir a existência de um mercado concorrencial.

A defesa do meio ambiente está prevista no inciso VI do artigo 170. Além de nortear a atividade econômica de agentes públicos e privados, a proteção ao meio ambiente é objeto de capítulo próprio no texto constitucional, sendo direito de todos conforme artigo 225.

> Art. 225. Todos têm direito ao meio ambiente ecologicamente equilibrado, bem de uso comum do povo e essencial à sadia qualidade de vida, impondo-se ao Poder Público e à coletividade o dever de defendê-lo e preservá-lo para as presentes e futuras gerações.

Os incisos VII, VIII e IX trazem finalidades a serem alcançadas por meio da ordem econômica. O primeiro deles impõe a redução das desigualdades regionais e sociais, repetindo parte do objetivo fundamental previso no artigo 3º, III, da Constituição Federal, expondo a preocupação do constituinte com a necessária correlação entre desenvolvimento econômico e desenvolvimento social.

Já os incisos VIII e IX, que versam, respectivamente, sobre pleno emprego e tratamento favorecido para as empresas de pequeno porte constituídas sob as leis brasileiras e que tenham sua sede e administração no País, direcionam a ação estatal para ações específicas de desenvolvimento econômico, dentre as quais pode-se destacar a Lei Complementar nº 123/2006, que institui o Estatuto Nacional da Microempresa e da empresa de Pequeno Porte.

Utilizando-se da classificação dos princípios colocada anteriormente, Barroso afirma que cabe ao Estado basear sua política econômica para atingir materialmente os princípios-fins, fiscalizando a atuação privada no respeito aos princípios-meio, em regra a eles majoritariamente aplicáveis.

Já o agente particular tem a liberdade como regra (livre iniciativa), podendo promover atividade econômica por meio da apropriação de bens e meios de produção, visando ao lucro, desde que respeitadas as funções sociais da propriedade, do contrato e da empresa.

Tal liberdade pode ser utilizada para fins de planejamento patrimonial e sucessório, contexto em que comumente serão verificadas transmissões por meio de doação ou mesmo por óbito. Nesse sentido, impõe-se o entendimento da transmissão *causa mortis* e da doação a partir das normas jurídicas brasileiras, mormente constantes do Código de Processo Civil, o que será feito em capítulo posterior.

1.4 O contexto tributário na perspectiva das empresas

A história da tributação no Brasil remonta à época colonial, quando os valores cobrados eram integralmente remetidos à Coroa Portuguesa, não sendo nem minimamente vertidos em benefício da colônia.[49]

---

49. MARTUSCELLI, Pablo Dutra. *Para uma compreensão histórica do sistema tributário nacional de 1988*. Disponível em: http://www.publicadireito.com.br/conpedi/manaus/arquivos/anais/fortaleza/3117.pdf. Acesso em: 13 mar. 2024.

A partir do surgimento do Império, o sistema tributário nacional começa a se desenhar inicialmente de forma bastante centralizada, o que esvazia a competência dos entes subnacionais,[50] problemática que se perpetua, tendo sido tema de importantes debates por ocasião da Emenda Constitucional nº 132/2023, sob o aspecto do respeito ao pacto federativo.

Os múltiplos redesenhos do sistema tributário nacional, em regra, não tiveram como objetivo a melhora do ambiente de negócios ou mesmo uma finalidade redistributiva. Exceção feita à Constituição de 1988, onde formalmente houve a tentativa de atingir mais do que finalidades meramente arrecadatórias por meio da configuração do sistema tributário nacional.[51]

A forma federativa adotada no Brasil impõe consequências sobre o sistema tributário que impactam na própria distribuição de competências pela Constituição Federal. Impõe-se por um lado esse equilíbrio na distribuição das competências e das próprias receitas; por outro, a necessidade de que esse sistema não se apresente como um entrave ao ambiente econômico.[52]

Em suma, o quanto o contribuinte paga é importante, assim como a forma por meio da qual ocorrerá o pagamento. Nesse sentido, o pior quadro é aquele em que há uma pesada carga tributária acompanhada de um complexo quadro normativo que se impõe ao pagador de impostos. Infelizmente parece ser esse o caso brasileiro.

---

50. *Ibidem.*

51. *Ibidem.*

52. SIQUEIRA, Luiza Noronha. *Estado federal, tributação e autonomia dos entes federados: possibilidade de fortalecimento do federalismo pela centralização*. Disponível em: https://repositorio.pucsp.br/bitstream/handle/6863/1/Luiza%20Noronha%20Siqueira.pdf. Acesso em: 15 mar. 2024.

Ao exercer a competência tributária, o Estado não pode ignorar a condição do contribuinte. A busca de receitas para sua existência, manutenção e persecução de finalidades constitucionais encontra balizas, dentre as quais pode-se citar a capacidade contributiva e a busca da diminuição de desigualdades quando da aplicação dos recursos.[53]

Afinal, a arrecadação tributária e a própria existência do Estado não podem buscar fins e si mesmos, devendo sempre ter em mente a sociedade, o indivíduo.

No entanto, o sistema tributário brasileiro parece não ir no sentido preconizado pela Constituição, pois, diante de uma análise do perfil da tributação, percebe-se um deslocamento para os bens de consumo (68,20%) em detrimento da tributação sobre patrimônio e renda (respectivamente 3,52% e 24,14%).[54]

Os efeitos da regressividade ou progressividade em um sistema tributário sobre a distribuição de patrimônio e renda não podem ser ignorados:

É possível observar distinções bem relevantes entre os diferentes grupos de países. De maneira geral, os países da União Europeia apresentam uma redução no coeficiente de Gini de 0,19 após impostos diretos e contribuições previdenciárias e depois das transferências públicas, o que mostra um forte efeito da política fiscal sobre a concentração de renda. O grupo de países membros da OCDE também ficou próximo do mesmo grau de efeito sobre a concentração de renda da tributação e do orçamento

---

53. BARRETO JUNIOR, Jurandir Antonio Sá; GOMES, Michele dos Santos. *O impacto do sistema tributário brasileiro na perpetuação da desigualdade racial no Brasil*. Disponível em: https://revista.ibdt.org.br/index.php/RDTA/article/view/1921/2120. Acesso em: 12 mar. 2024.

54. *Ibidem*.

público, com uma redução do coeficiente de Gini de 0,17 pontos.[55]

A grande parcela da população que trabalha em busca do suprimento de necessidades básicas vê o Estado fazer recair sobre seu consumo a maior parte da arrecadação, enquanto a tributação de patrimônio e renda fica em segundo plano. Uma configuração ideal para a perpetuação da absoluta má distribuição de patrimônio e renda que há no país.[56]

É necessário pontuar, a partir de uma lógica de necessidade de distribuição de patrimônio e renda, existente no Brasil, que uma parcela da população sempre terá a percepção de não receber benefícios e serviços de forma proporcional ao que desembolsa. É o resultado de uma lógica distributiva meramente matemática. Do contrário, se quem tem maior patrimônio receber em troca benefícios proporcionais aos tributos pagos, quem arcará com os serviços prestados a quem não tem condições de pagar impostos para manter os serviços básicos para si mesmo?

A esse contexto de tributação regressiva que reafirma a má distribuição de patrimônio e renda, soma-se uma pesada carga burocrática que recai sobre todos os agentes desse contexto econômico,[57] nos quais se incluem as empresas.

---

55. REZENDE, Thiago Dutra Hollanda de Rezende. *Valor e fundo público*: análise do sistema tributário brasileiro. Disponível em: http://www.rlbea.unb.br/jspui/bitstream/10482/43163/1/2021_ThiagoDutraHollandadeRezende.pdf. Acesso em: 12 mar. 2024.

56. OXFAM. *A distância que nos une*. Disponível em: https://www-cdn.oxfam.org/s3fs-public/file_attachments/relatorio_a_distancia_que_nos_une_170925.pdf. Acesso em: 19 jul. 2022.

57. SANTOS, Bárbara Cristina. *Reforma Tributária*: análise da complexidade e excessiva burocracia, com ênfase na tributação sobre o consumo. Disponível em: https://fanorpi.com.br/universitas/index.php/revista/article/view/284/273. Acesso em: 12 mar. 2024.

O Banco Mundial, por meio do relatório *Doing Business Subnacional Brasil 2021*,[58] expôs um dado alarmante sobre a complexidade da tributação no país ao estimar a quantidade de horas que as empresas gastam para cumprimento de todas as obrigações, sendo maior do que em qualquer outro lugar do mundo:

> [...] elas despendem entre 1.483 e 1.501 horas para preparar, declarar e pagar impostos. É mais do que em qualquer outro lugar do mundo. As empresas devem lidar com uma série de obrigações impostas a nível federal, estadual e municipal. Embora a maior parte dos tributos e das obrigações tributárias seja de nível federal, a tributação municipal também impacta no desempenho de cada localidade quanto à facilidade para se pagar impostos.

O relatório também aponta que as empresas pagam em média 65,3% de seus lucros em tributos por ano, o que reafirma a carga tributária nacional como uma das mais altas do mundo.

Todas essas informações se unem às novas espécies tributárias trazidas pela Emenda Constitucional nº 132/2023 e à regra de transição que impõe a existência de dois sistemas tributários distintos às empresas. Como resultado, durante o período de transição os atores do cenário econômico brasileiro estarão provavelmente diante uma complexidade nunca existente no sistema tributário nacional.

---

58. Banco Mundial. *Doing Business Subnacional Brasil 2021*. Disponível em: https://subnational.doingbusiness.org/content/dam/doingBusiness/media/Subnational/DB2021_SNDB_Brazil_Full-report_Portuguese.pdf. Acesso em: 12 mar. 2024.

A busca pela harmonização entre arrecadação e um sistema tributário que traga um conjunto normativo minimamente razoável não foi alcançada até o presente momento, sendo objetivo unânime por ocasião da Reforma Tributária que resultou na Emenda Constitucional nº 132/2023 a simplificação do sistema tributário. A saber, com o passar do tempo, a vigência das normas e a substituição gradual de determinadas espécies tributárias, como previsto, se tal objetivo será finalmente alcançado.

Esse cenário impõe às empresas um planejamento, se não para diminuição regular dos tributos pagos, ao menos para conseguir cumprir as obrigações tributárias e sobreviver diante de um cenário bastante desafiador.

A transmissão gratuita de bens e direitos eventualmente se associa a esse contexto por meio do planejamento sucessório e patrimonial, podendo haver ou não a coexistência de atividade empresarial ligada à produção e circulação de bens ou prestação de serviços com negócios jurídicos voltados à economia de tributos na transmissão intergeracional de riquezas.

Ressalte-se, a tributação da transmissão intergeracional de riquezas recai principalmente sobre as pessoas físicas, seja no momento da morte, seja da doação. Em que pese ser possível a doação envolvendo pessoas jurídicas, a tributação dessa natureza de negócio jurídico é praticada no sentido de não esvaziar a tributação no momento da transmissão *causa mortis*.[59]

Trata-se, portanto, de espécie tributária que poderá – como será devidamente explorado nos capítulos a seguir – envolver ativos empresariais tanto quando de eventual doação praticada pela própria pessoa jurídica, como quando da

59. VALENTIN, Jefferson. *Holding*: estudo da evasão fiscal do ITCMD no planejamento sucessório. São Paulo: Letras Jurídicas, 2021.

transmissão gratuita por pessoas físicas que sejam titulares de cotas e ações de empresas.

Nesse sentido, é necessário separar as diferentes finalidades de uma empresa no contexto deste estudo em dois grupos. O primeiro traz as atividades de produção e circulação de mercadorias ou prestação de serviços. O segundo traz a utilização da pessoa jurídica para transmissão de bens e direitos da pessoa física.

Tais atividades podem ocorrer no seio de uma mesma pessoa jurídica, mas não necessariamente estarão correlacionadas. Hipoteticamente considere-se uma empresa pré-existente, atuando na área de prestação de serviços há anos. Ela poderia ser utilizada para planejamento patrimonial e sucessório tendente, dentre outras finalidades, à diminuição do pagamento de ITCMD.

Por outro lado, uma empresa pode ser criada única e exclusivamente para essa finalidade de economia tributária na transmissão intergeracional gratuita de riquezas por pessoas físicas. O que precisa restar claro a essa altura, é que são finalidades diferentes para as quais as empresas podem ser utilizadas.

A discussão que se pretende promover recai essencialmente sobre a utilização da empresa como meio de transmissão de bens e direitos de pessoas físicas como manobra para diminuição do pagamento do ITCMD, que é imposto essencialmente patrimonial, não tendo, como será devidamente exposto em tópicos posteriores, seu fato gerador ligação direta com atividade econômica.

2. Transmissão *Causa Mortis* e Doação no Ordenamento Jurídico Brasileiro

Para que seja possível o entendimento da tributação pelo ITCMD no ordenamento jurídico brasileiro, impõe-se o estudo das vias pelas quais podem formalizar-se a transmissões sujeitas a essa espécie tributária.

A tributação pelo ITCMD recai sobre a transmissão gratuita de bens e direitos realizada por meio de morte ou doação – podendo esta última possibilidade envolver pessoas naturais ou jurídicas. A morte impõe, em regra, a realização de inventário; a doação deverá ser realizada com a obediência de determinadas formalidades, de acordo com o objeto do negócio jurídico.

Nesse sentido, normas civis e processuais civis impõem as regras para tais transmissões, sendo elas *causa mortis* ou *inter vivos*.

No presente capítulo tais normas são estudadas para que seja possível o completo entendimento da formalização, quando necessária, de tais transmissões, assim como, posteriormente, a tributação a que estão submetidas e seus respectivos critérios.

Com esse objetivo passa-se à análise das normas a respeito de tais hipóteses para que, posteriormente, seja possível entender corretamente a exação tributária.

2.1 Transmissão *causa mortis*

Inicialmente é importante ressaltar que o direito à herança está no rol das garantias fundamentais constantes do artigo 5º da Constituição Federal.[60]

A fim abordar a transmissão *causa mortis*, entendendo o direito à herança e quando ele surge, é necessário compreender a personalidade no ordenamento jurídico brasileiro, pois a transmissão dos bens nessa hipótese se dá com o óbito da pessoa natural.[61]

Há dois tipos de personalidade previstos no ordenamento pátrio, um referente a pessoas naturais (artigo 2º, Código Civil) e outro a pessoas jurídicas (artigo 45, Código Civil).

A transmissão *causa mortis* prevista no artigo 155, I, da Constituição Federal, aplica-se apenas a pessoas naturais, não se aplicando a pessoas jurídicas, pois a morte não é uma forma de extinção a elas aplicável. Sua extinção poderá ocorrer por meio do decurso do prazo de sua existência, dissolução deliberada pelos membros, falta de pluralidade dos sócios, determinação legal, ato governamental, morte dos sócios ou dissolução judicial.[62]

---

60. Constituição Federal. Art. 5º, XXX - é garantido o direito de herança.

61. Código Civil. Art. 1.784. Aberta a sucessão, a herança transmite-se, desde logo, aos herdeiros legítimos e testamentários.

62. SOUSA, Cássio V. S.; GIACOMELLI, Cinthia L. F. *Direito civil I*. Porto Alegre:

Obviamente, trata-se a morte de fenômeno natural que tem consequências no mundo jurídico, seja em relações familiares, seja em patrimoniais.[63]

No que se refere à tributação constante do artigo 155, I, da Constituição Federal, a hipótese se aplica à morte da pessoa natural, que coincide com o fim da personalidade, conforme previsão do Código Civil.

> Art. 6º. A existência da pessoa natural termina com a morte; presume-se esta, quanto aos ausentes, nos casos em que a lei autoriza a abertura de sucessão definitiva.

O artigo 6º expõe que há no ordenamento jurídico duas espécies de morte: a natural – apurada e atestada por médicos – e a presumida – situação em que, diante de condições específicas, presume-se a ocorrência da morte.

Sobre a morte natural, a Lei nº 9.434/97,[64] que dispõe a respeito da doação de órgãos, traz a constatação da morte encefálica como equivalente à morte da pessoa natural, com detalhamento pela Resolução nº 2.173/17 do Conselho Federal de Medicina.

O artigo 6º também traz a presunção do fim da personalidade da pessoa natural quando a lei autorizar a

---

Grupo A, 2018. E-book. ISBN 9788595024441. Disponível em: https://app.minhabiblioteca.com.br/#/books/9788595024441/. Acesso em: 9 abr. 2023.

63. GIACOMELLI, Cinthia L. F.; ZAFFARI, Eduardo K.; SOUTO, Fernanda R. *et al.* *Direito Civil: Direito das Sucessões.* Disponível em: https://app.minhabiblioteca.com.br/#/books/9786556901329/. Acesso em: 13 out. 2023.

64. Lei nº 9.434/97. Art. 3º. A retirada *post mortem* de tecidos, órgãos ou partes do corpo humano destinados a transplante ou tratamento deverá ser precedida de diagnóstico de morte encefálica, constatada e registrada por dois médicos não participantes das equipes de remoção e transplante, mediante a utilização de critérios clínicos e tecnológicos definidos por resolução do Conselho Federal de Medicina.

abertura da sucessão definitiva, que se dará em dois casos, conforme artigos 37 e 38.

Na primeira hipótese, poderá ser aberta a sucessão definitiva quando se passarem 10 anos do trânsito em julgado da sentença que concede a abertura da sucessão provisória. A segunda hipótese se dá quando o ausente conta com mais de 80 anos de idade e suas últimas notícias ocorreram há mais de cinco anos.

Portanto, a morte, ainda que presumida, é o momento em que ocorre a abertura da sucessão do autor da herança. No Código Civil tal disposição encontra-se no artigo 1.784.[65]

A sua redação remete à aplicação do princípio da *saisine*, nascido na França feudal como burla à transmissão do patrimônio dos servos ao senhor do feudo, tendo a finalidade de enfraquecer a nobreza, abrindo caminho para o fortalecimento da burguesia. Pela aplicação do princípio transmitia-se, no momento da morte, o patrimônio do servo falecido a seus herdeiros.[66]

A natureza da norma é a inexistência de propriedade sem proprietário, diferentemente do modelo que tem por base o Direito Romano, em que a herança é jacente até a aceitação pelos herdeiros.[67]

Portanto, no caso do ordenamento jurídico brasileiro haverá a transmissão da propriedade àqueles que sobre ela tenham direitos sucessórios desde o momento da

---

65. Código Civil. Art. 1.784. Aberta a sucessão, a herança transmite-se, desde logo, aos herdeiros legítimos e testamentários.

66. SOUSA, Cássio V. S.; GIACOMELLI, Cinthia L. F. *Direito civil I*. Porto Alegre: Grupo A, 2018. E-book. ISBN 9788595024441. Disponível em: https://app.minhabiblioteca.com.br/#/books/9788595024441/. Acesso em: 9 abr. 2023.

67. LÔBO, Paulo. *Direito constitucional à herança, saisine e liberdade de testar*. Disponível em: https://ibdfam.org.br/assets/upload/anais/290.pdf. Acesso em: 9 abr. 2023.

morte, ainda que tal transmissão seja formalizada em momento posterior pelas vias processuais aplicáveis.

Ressalte-se que a posição que defende a existência do princípio da *saisine*, em que pese majoritária, não é unânime, como expõe Pires e Bucar, ao defenderem entendimento diverso.

Concluiu-se da análise de suas origens, função e totalidade do ordenamento jurídico complexo que a transmissão direta e imediata dos bens aos herdeiros após a morte do autor da herança é mera ficção estrutural, neutralizada pela chancela estatal na obrigatoriedade do inventário, estruturado para o fim de cumprimento das obrigações tributárias e prioridade do pagamento dos credores, anteriores à liquidação do patrimônio do *de cujus* e recebimento hereditário.[68]

De fato, a legislação prevê a forma perante a qual serão transmitidos os bens e direitos deixados pela pessoa falecida, que poderá ocorrer mediante existência de manifestação de última vontade ou única e exclusivamente pelas regras sucessórias previstas em lei.

A transmissão poderá estar condicionada, a depender do caso concreto e rito aplicável, à satisfação de interesses de terceiros, dentre os quais destacam-se credores e Fazenda Pública, o que certamente é um argumento forte para os que defendem a criticam a afirmação de princípio da *saisine* no Brasil.

---

68. PIRES, Caio Ribeiro; BUCAR, Daniel. *Rumos para a proteção de vulneráveis no Direito das Sucessões: entre a inefetividade e a potencialidade do Direito de Saisine*. Disponível em: https://rbdcivil.ibdcivil.org.br/rbdc/article/view/915/562. Acesso em: 23 out. 2023.

2.1.1 Sucessão legítima ou testamentária

A sucessão é chamada legítima – quando ocorre sem a existência de testamento, única e exclusivamente pela aplicação das normas civis relativas ao tema – ou testamentária – quando o *de cujus* deixou disposição de última vontade a respeito de seu patrimônio.

No caso da sucessão legítima, a divisão do patrimônio se dará por meio da aplicação do Direito Sucessório previsto no Código Civil. Nas palavras de Tartuce, "a sucessão legítima é aquela que decorre de imposição da norma jurídica, uma vez que o legislador presume a vontade do morto, ao trazer a ordem de vocação hereditária que deve ser observada no caso de seu falecimento sem testamento".[69]

Nesse sentido, são previstas normas para a divisão do patrimônio deixado pela pessoa falecida, que têm por base os parentes existentes no momento do falecimento, parentesco que pode ter por base três formas, de acordo com sua origem.[70]

Será consanguíneo, a partir do vínculo biológico entre as pessoas; por afinidade, estabelecido com os parentes do cônjuge ou companheiro; e será civil, caso tenha por base outra origem. O parentesco civil poderá surgir a partir da adoção, técnica de reprodução assistida a partir de material genético de terceiro ou parentalidade socioafetiva.

Para que seja possível a compreensão das regras sucessórias trazidas pelo Código Civil, faz-se necessário entender a contagem dos graus do parentesco. O artigo 1.591 afirma que são parentes em linha reta as pessoas que es-

---

69. TARTUCE, Flávio. *Direito Civil*: Direito das Sucessões. v.6. Disponível em: https://app.minhabiblioteca.com.br/#/books/9786559646975/. Acesso em: 13 out. 2023.

70. *Ibidem*.

tão umas para com as outras na relação de ascendentes e descendentes.

Dessa forma, a título de exemplo para melhor compreensão do dispositivo, há um grau de distância entre pai e filho, dois graus entre avô e filho, três graus entre tataravó e neta, todos parentes em linha reta.

Em linha reta, o parentesco poderá se dar em linha ascendente (pai, avô, tataravô etc.) ou descendente (filho, neto, tataraneto etc.).

Por sua vez, o artigo 1.592 afirma que são parentes em linha colateral ou transversal, até o quarto grau, as pessoas provenientes de um só tronco, sem descenderem uma da outra. São exemplos de parentes colaterais primos, tios e tios-avôs. Ressalte-se a limitação de grau trazida pelo dispositivo, diferentemente do Código Civil de 1916 que trazia a previsão do parentesco até o sexto grau.[71]

A contagem do grau de parentesco no caso da linha colateral terá por base o tronco ancestral comum. Portanto, deve-se subir ao máximo até o tronco ancestral comum, para depois descer. Com base nesse regramento, logicamente não haverá parentesco colateral de primeiro grau.

A título de exemplo, no caso de irmãos, parte-se de um deles, contando até o pai (tronco ancestral comum), para descer até o outro. Nesse caso chega-se ao resultado de parentesco colateral de segundo grau. Outros exemplos são o parentesco entre sobrinho e tio, de terceiro grau, entre primos, de quarto grau, e entre tio-avô e sobrinho-neto, também de quarto grau.[72]

---

71. TARTUCE, Flávio. *Direito Civil*: Direito das Sucessões. v.6. Disponível em: https://app.minhabiblioteca.com.br/#/books/9786559646975/. Acesso em: 13 out. 2023.

72. TARTUCE, Flávio. *Direito Civil*: Direito das Sucessões. v.6. Disponível em: https://app.minhabiblioteca.com.br/#/books/9786559646975/. Acesso em: 13 out. 2023.

O parentesco por afinidade é definido de forma similar, porém, não gera direitos sucessórios, razão pela qual seu aprofundamento escapa aos objetivos do presente livro.

Entendidos os conceitos básicos importantes para o estudo do regramento sucessório constante do Código Civil, passa-se à reprodução do importantíssimo artigo 1.829, que traz a ordem de vocação hereditária, separando os herdeiros em classes distintas.

> Art. 1.829. A sucessão legítima defere-se na ordem seguinte:
>
> I - aos descendentes, em concorrência com o cônjuge sobrevivente, salvo se casado este com o falecido no regime da comunhão universal, ou no da separação obrigatória de bens (art. 1.640, parágrafo único); ou se, no regime da comunhão parcial, o autor da herança não houver deixado bens particulares;
>
> II - aos ascendentes, em concorrência com o cônjuge;
>
> III - ao cônjuge sobrevivente;
>
> IV - aos colaterais.

Ressalte-se que quando da citação do termo "cônjuge", deve-se interpretar a aplicação também a companheiros, por força do entendimento firmado pelo Supremo Tribunal Federal, em repercussão geral, por meio do Recurso Extraordinário nº 878.694/MG.

Outra consideração de extrema importância é a aplicação do dispositivo para uniões estáveis ou casamentos homoafetivos. Nas palavras de Tartuce:

> Observação que deve ser feita diz respeito à inclusão dos companheiros e cônjuges homoafetivos nesse tratamento, uma vez que a união estável e o casamento homoafetivo tornaram-se realidade jurídica no Brasil. Como marco inicial consolidativo, cite-se a revolucionária decisão do Supremo Tribunal Federal, de 05.05.2011, entendendo que todas as regras previstas para a união estável heteroafetiva subsumem, sem exceção ou limites, para a união estável homoafetiva (decisão publicada no Informativo n. 625 do STF).
>
> Nesse contexto de subsunção, como é possível a conversão da união estável em casamento, por força do art. 1.726 do Código Civil, também o é a conversão para o casamento homoafetivo. Como raciocínio seguinte dessas afirmações, se é viável a conversão para o casamento homoafetivo, pode ele ser celebrado diretamente no Cartório de Registro Civil, o que foi reconhecido pelo Superior Tribunal de Justiça já no ano de 2011 [...].[73]

Nesse sentido, houve a declaração de inconstitucionalidade do artigo 1.790, quando se fixou que todas as regras sucessórias aplicáveis ao casamento e união estável heteroafetivos são aplicáveis aos relacionamentos homoafetivos.

Feitas as considerações necessárias para o entendimento de cada hipótese trazida pelo artigo 1.829, passa-se à análise de cada inciso, sendo o primeiro, naturalmente o inciso I, que tem a seguinte redação:

---

73. TARTUCE, Flávio. *Direito Civil*: Direito das Sucessões. v.6. Disponível em: https://app.minhabiblioteca.com.br/#/books/9786559646975/. Acesso em: 13 out. 2023.

> Art. 1.829. A sucessão legítima defere-se na ordem seguinte:
>
> I - aos descendentes, em concorrência com o cônjuge sobrevivente, salvo se casado este com o falecido no regime da comunhão universal, ou no da separação obrigatória de bens (art. 1.640, parágrafo único); ou se, no regime da comunhão parcial, o autor da herança não houver deixado bens particulares.

Em resumo, pode-se dividir o dispositivo em duas partes tendo por base a concorrência ou não do cônjuge ou companheiro com herdeiros. No regime de comunhão parcial de bens quando há bens particulares, no regime da participação final dos aquestos e no regime de separação convencional de bens (quando há pacto nupcial) o cônjuge ou herdeiro concorrerá. Em sentido oposto, nos regimes de comunhão parcial de bens não havendo bens particulares, no regime de comunhão universal de bens e na separação obrigatória, não haverá concorrência.

Nesse ponto, destaque-se, especialmente para o inciso I, que é possível utilizar-se da afirmativa "onde o cônjuge herda, não meia; onde meia, não herda".[74] Meação, aliás, é um instituto frequentemente não compreendido pelos operadores do Direito quando do trato de hipóteses concretas de sucessão *causa mortis*.

A respeito do tema, Tartuce leciona o seguinte:

Nunca se pode esquecer que a meação não se confunde com a herança, sendo este baralhamento muito co-

---

74. TARTUCE, Flávio. *Direito Civil*: Direito das Sucessões. v.6. Disponível em: https://app.minhabiblioteca.com.br/#/books/9786559646975/. Acesso em: 13 out. 2023.

mum entre os operadores do Direito. Meação é instituto de Direito de Família, que depende do regime de bens adotado e da autonomia privada dos envolvidos, que estão vivos. Herança é instituto de Direito das Sucessões, que decorre da morte do falecido. Nessa linha, conforme a tese número 1, publicada na ferramenta Jurisprudência em Teses do STJ, que trata da união estável (Edição n. 50, de 2016), "os princípios legais que regem a sucessão e a partilha não se confundem: a sucessão é disciplinada pela lei em vigor na data do óbito; a partilha deve observar o regime de bens e o ordenamento jurídico vigente ao tempo da aquisição de cada bem a partilhar". Cabe esclarecer que a premissa firmada aplica-se integralmente à sucessão do cônjuge ou do companheiro.[75]

Ainda em relação à hipótese de concorrência do cônjuge ou companheiro com descendentes, há a regra conhecida como reserva da quarta parte, prevista no artigo 1.832.[76]

A interpretação do citado dispositivo mostrou-se polêmica diante da existência de descendentes tanto comuns como exclusivos do autor da herança. Duas correntes – que não foram as únicas a surgir – mostraram-se dominantes.[77]

A primeira – majoritária – indicou que havendo filhos comuns e exclusivos (sucessão híbrida) não deve ser aplicada a regra do dispositivo. A segunda defendia que deveria haver a aplicação mesmo diante dessa hipótese.

---

75. TARTUCE, Flávio. *Direito Civil*: Direito das Sucessões. v.6. Disponível em: https://app.minhabiblioteca.com.br/#/books/9786559646975/. Acesso em: 13 out. 2023.

76. Código Civil. Art. 1.832. Em concorrência com os descendentes (art. 1.829, inciso I) caberá ao cônjuge quinhão igual ao dos que sucederem por cabeça, não podendo a sua quota ser inferior à quarta parte da herança, se for ascendente dos herdeiros com que concorrer.

77. TARTUCE, Flávio. *Direito Civil*: Direito das Sucessões. v.6. Disponível em: https://app.minhabiblioteca.com.br/#/books/9786559646975/. Acesso em: 13 out. 2023.

A questão parece ter se estabilizado no sentido da primeira corrente, materializada no Enunciado[78] 527 da Jornada de Direito Civil.

Na sucessão dos descendentes, os mais próximos excluem os primeiros, conforme previsão do artigo 1.833,[79] sendo feita a ressalva ao direito de representação.

Se não há parentes de um grau mais próximo, aplica-se o artigo 1.834,[80] que impõe a equiparação do direito dos descendentes ao dos ascendentes, tendo sido apontado por Veloso o pleonasmo técnico cometido pelo dispositivo, ao mencionar desnecessariamente a palavra classe.[81]

> Art. 1.834. Os descendentes da mesma classe têm os mesmos direitos à sucessão de seus ascendentes.
>
> Nesse sentido, a mais correta redação seria a seguinte: "Os descendentes têm os mesmos direitos à sucessão de seus ascendentes".
>
> Em seguida, o artigo 1.835 trata da ocorrência de sucessão por cabeça ou por estirpe na linha descendente.
>
> Art. 1.835. Na linha descendente, os filhos sucedem por cabeça, e os outros descendentes, por cabeça ou por estirpe, conforme se achem ou não no mesmo grau.

---

78. Conselho da Justiça Federal. Enunciado 527. Na concorrência entre o cônjuge e os herdeiros do *de cujus*, não será reservada a quarta parte da herança para o sobrevivente no caso de filiação híbrida.

79. Código Civil. Art. 1.833. Entre os descendentes, os em grau mais próximo excluem os mais remotos, salvo o direito de representação.

80. Código Civil. Art. 1.834. Os descendentes da mesma classe têm os mesmos direitos à sucessão de seus ascendentes.

81. TARTUCE, Flávio. *Direito Civil*: Direito das Sucessões. v.6. Disponível em: https://app.minhabiblioteca.com.br/#/books/9786559646975/. Acesso em: 13 out. 2023.

Na sucessão por cabeça, a divisão do patrimônio ocorre tendo por base o indivíduo chamado a suceder. Já na sucessão por estirpe, a divisão tem por base o ascendente falecido que teria direito à sucessão aberta em questão. Diante do seu falecimento, seus herdeiros são chamados para receber o quinhão que a ele seria atribuído.

Nesse sentido, ocorrendo a sucessão por descendentes, sendo morto um descendente que deixe descendentes, dá-se o direito de representação, nos termos do artigo 1.851. É esse regramento que origina a sucessão por estirpe, por haver a convocação pela lei da prole de herdeiro morto para que em seu lugar receba a herança, havendo a partilha por igual entre os que são chamados a representar.[82]

Essa hipótese de direito de representação a descendentes é prevista no artigo 1.852 do Código Civil, havendo também a possibilidade de representação em linha colateral, em favor de filhos de irmãos do falecido (sucessão a colaterais).

Analisada a hipótese do inciso I do artigo 1.829, passa-se à hipótese do inciso II, que traz a segunda classe, ascendentes em concorrência com o cônjuge ou companheiro.[83]

> Art. 1.829. A sucessão legítima defere-se na ordem seguinte:
>
> II - aos ascendentes, em concorrência com o cônjuge.

---

82. TARTUCE, Flávio. *Direito Civil*: Direito das Sucessões. v.6. Disponível em: https://app.minhabiblioteca.com.br/#/books/9786559646975/. Acesso em: 13 out. 2023.

83. *Ibidem*.

Diferentemente do que acontece em relação à herança a descendentes em concorrência com o cônjuge ou companheiro, na presente hipótese é indiferente o regime de bens aplicável à sociedade conjugal, conforme enunciado 609 da VII Jornada de Direito Civil.[84]

Nessa hipótese, a herança é dividida igualmente entre os ascendentes e o cônjuge ou companheiro vivo, desde que sejam de primeiro grau. Os parentes mais próximos excluem os mais remotos, não havendo distinção entre linhas, e não há direito de representação na linha ascendente. Na lição de Tartuce:

> Da mesma forma como ocorre com a sucessão dos descendentes, na classe dos ascendentes, o grau mais próximo exclui o mais remoto, sem distinção de linhas, conforme enuncia o art. 1.836, § 1º, do CC/2002. Não se pode esquecer que não existe direito de representação em relação aos ascendentes. Exemplificando, se o falecido deixou pais e avós, os dois primeiros – seus pais – herdam na mesma proporção, sendo excluídos os avós. Se o *de cujus* deixa a mãe – sendo seu pai premorto – e avós, somente a sua mãe herdará.[85]

Para o caso de concorrência entre cônjuges e companheiros com ascendentes, o Código Civil traz duas regras do que diz respeito à parte que tocará ao consorte. Se concorre com ascendentes em primeiro grau, tocará um terço; se há algum ascendente em grau superior, tocará metade.[86]

---

84. VII Jornada de Direito Civil. Enunciado 609. O regime de bens no casamento somente interfere na concorrência sucessória do cônjuge com descendentes do falecido.

85. TARTUCE, Flávio. *Direito Civil*: Direito das Sucessões. v.6. Disponível em: https://app.minhabiblioteca.com.br/#/books/9786559646975/. Acesso em: 13 out. 2023.

86. Código Civil. Artigo 1.837. Concorrendo com ascendente em primeiro grau, ao cônjuge tocará um terço da herança; caber-lhe-á a metade desta se houver um só ascendente, ou se maior for aquele grau.

Não há disposição do Código Civil a respeito de concorrência de cônjuge ou companheiro com ascendentes em caso de multiparentalidade, situação em que o cônjuge ou companheiro poderá concorrer com até quatro ascendentes em primeiro grau e até oito ascendentes em segundo grau, sendo defendida por Tartuce a divisão igualitária entre o cônjuge e os ascendentes com os quais concorre, com base em interpretação teleológica.[87]

Ainda, não havendo cônjuge ou companheiro, a herança é transmitida exclusivamente aos ascendentes, havendo a divisão igualitária por linha, ainda que se trate de caso de multiparentalidade, quando pode ocorrer mais de duas linhas.[88]

Não deixando pais vivos, mas deixando avós, estes serão chamados à sucessão, havendo a divisão do montante para cada linha e, após, o montante de cada linha entre os seus integrantes.

O inciso III do artigo 1.829 traz a terceira classe de herdeiros, que é ocupada exclusivamente pelo cônjuge ou companheiro:

> Art. 1.829. A sucessão legítima defere-se na ordem seguinte:
>
> III - ao cônjuge sobrevivente.

Em suma, na falta de descendentes e ascendentes, a herança ficará para o cônjuge ou companheiro na sua totalidade, não importando o regime de bens. Conforme

87. TARTUCE, Flávio. *Direito Civil*: Direito das Sucessões. v.6. Disponível em: https://app.minhabiblioteca.com.br/#/books/9786559646975/. Acesso em: 13 out. 2023.

88. VIII Jornada de Direito Civil. Enunciado 642. Nas hipóteses de multiparentalidade, havendo falecimento do descendente com o chamamento de seus ascendentes à sucessão legítima, se houver igualdade em grau e diversidade em linha entre os ascendentes convocados a herdar, a herança será dividida em tantas linhas quantos sejam os genitores.

anteriormente colocado, o STF, ao declarar a inconstitucionalidade do artigo 1.790, equiparou cônjuges e companheiro inclusive para fins sucessórios.

O Código Civil não traz hipótese de concorrência de cônjuge com colaterais.

Ainda sobre o direito sucessório do cônjuge ou companheiro, há o polêmico artigo 1.830, que afirma que somente é reconhecido direito sucessório ao cônjuge sobrevivente se, ao tempo da morte do outro, não estavam separados judicialmente nem separados de fato há mais de dois anos, salvo prova, neste caso, de que essa convivência se tornara impossível sem culpa do sobrevivente.

Há forte crítica na doutrina nacional a respeito tanto do prazo de dois anos citado pelo dispositivo, quanto à menção à culpa, que seria apurada após o falecimento de um dos ex-consortes.

A respeito do tema, Tartuce defende a aplicação do dispositivo no seguinte sentido:

Também nos casos de união estável deve-se considerar que a separação de fato do casal põe fim ao relacionamento e afasta o direito sucessório do companheiro, na mesma linha da leitura idealizada que aqui propusemos, seguindo farta doutrina. Reiterem-se, nesse contexto, as críticas antes formuladas sobre a aplicação do comando sucessório sem qualquer ressalva, com as menções ao prazo de dois anos e à culpa mortuária, o que pode gerar grandes dificuldades também para a visualização dos direitos hereditários do convivente.[89]

O cônjuge ou companheiro terá o direito real de habitação como direito sucessório, previsto no artigo 1.831,

---

89. TARTUCE, Flávio. *Direito Civil*: Direito das Sucessões. v.6. Disponível em: https://app.minhabiblioteca.com.br/#/books/9786559646975/. Acesso em: 13 out. 2023.

independentemente do regime de bens aplicável à sociedade conjugal.

O direito real de habitação autoriza o uso da propriedade como residência exclusivamente, não podendo ser alienado. O beneficiário não deve qualquer tipo de contraprestação a herdeiros que eventualmente sejam coproprietários.[90]

O inciso IV do artigo 1.829 traz a sucessão dos colaterais.

> Art. 1.829. A sucessão legítima defere-se na ordem seguinte:
>
> IV - aos colaterais.

São chamados a suceder os herdeiros colaterais até o quarto grau. Tartuce enumera aqueles que são parentes para tal fim:

> Estabelece o art. 1.839 do Código Civil que, se não houver cônjuge sobrevivente, nas condições dispostas no art. 1.830, serão chamados a suceder os colaterais até o quarto grau. Desse modo, são herdeiros os irmãos (colaterais de segundo grau); os tios e os sobrinhos (colaterais de terceiro grau); os primos, os tios-avós e os sobrinhos-netos (colaterais de quarto grau).[91]

Há direito de representação no caso de filho de irmão pré-morto, a essa hipótese se limitando tal direito no caso da sucessão a colaterais. Ou seja, no caso de filho de

---

90. *Ibidem*.

91. TARTUCE, Flávio. *Direito Civil*: Direito das Sucessões. v.6. Disponível em: https://app.minhabiblioteca.com.br/#/books/9786559646975/. Acesso em: 28 out. 2023.

sobrinho pré-morto, não se aplica o direito de representação (artigo 1.853).

Concorrendo filho de irmão pré-morto com outros irmãos, a ele caberá o que caberia ao irmão se vivo fosse, havendo a divisão entre os seus descendentes (sucessão por estirpe). Caso haja a renúncia de todos os irmãos, a sucessão se dará por cabeça.

Ainda sobre a herança a colaterais, há a disposição do artigo 1.841 que impõe que irmãos bilaterais recebam o dobro do que for recebido por irmão unilaterais.

Há forte discussão na doutrina a respeito da constitucionalidade da norma, que afrontaria o artigo 226, § 6º, da Constituição Federal, por impor distinção entre filhos, posicionando-se Eduardo de Oliveira Leite e Maria Berenice Dias pela inconstitucionalidade. Enquanto Flávio Tartuce, Luiz Paulo de Oliveira Carvalho, José Fernando Simão e Zeno Veloso se manifestam pela constitucionalidade.[92]

Sendo os irmãos que concorrem à herança apenas bilaterais ou apenas unilaterais, a herança será dividida igualmente.

Na sucessão testamentária há disposição de última vontade do autor da herança, que deverá ocorrer por meio de forma específica, conforme ditames do Código Civil, para que tenha sua validade reconhecida pela autoridade judicial e possa ter efeito na distribuição do patrimônio.

O Código Civil atual não conceitua o testamento, diferentemente do Código Civil de 1916, que trazia o conteúdo no seu artigo 1.626.[93]

---

92. *Ibidem*.

93. Código Civil/1916. Art. 1.626. Considera-se testamento o ato revogável pelo qual alguém, de conformidade com a lei, dispõe, no todo ou em parte, do seu patrimônio, para depois da sua morte.

No entanto, tal definição foi alvo de muitas críticas por limitar-se ao conteúdo econômico que um testamento pode trazer. Para além de disposições dessa natureza, o testamento, como disposição de última vontade, pode versar sobre reconhecimento de filhos, por exemplo.[94]

Tartuce define testamento como "negócio jurídico unilateral, personalíssimo e revogável pelo qual o testador faz disposições de caráter patrimonial ou extrapatrimonial, para depois de sua morte. Trata-se de ato sucessório de exercício da autonomia privada por excelência".[95]

A possibilidade do conteúdo extrapatrimonial vai ao encontro do que consta do artigo 1.875 do atual Código Civil. Diversos são os conteúdos extrapatrimoniais que dele podem constar, podendo incluir disposições éticas ou mesmo a respeito da destinação do corpo do testador.

No que diz respeito à característica do testamento, trata-se de negócio unilateral, em que consta a manifestação de última vontade do testador. A aceitação de herdeiros e legatários não é condição de validade do testamento, que é válido desde que respeite as formalidades previstas em lei, mas ineficaz antes da morte do testador, podendo ser por ele revogado em vida.[96]

Quanto à capacidade para testar, o artigo 1.857 remete à regra geral de capacidade no seu *caput*, que consta dos artigos 3º e 4º do Código Civil.

> Art. 1.857. Toda pessoa capaz pode dispor, por testamento, da totalidade dos seus bens, ou de parte deles, para depois de sua morte.

---

94. TARTUCE, Flávio. *Direito Civil*: Direito das Sucessões. v.6. Disponível em: https://app.minhabiblioteca.com.br/#/books/9786559646975/. Acesso em: 28 out. 2023.

95. *Ibidem*. p. 243.

96. *Ibidem*.

§ 1º A legítima dos herdeiros necessários não poderá ser incluída no testamento.

§ 2º São válidas as disposições testamentárias de caráter não patrimonial, ainda que o testador somente a elas se tenha limitado.

O artigo 1.860 traz regra específica de testamento, fazendo menção ao necessário discernimento no ato de testar, assim como à possibilidade para maiores de dezesseis anos.

Ainda sobre o tema da capacidade para testar, conforme preconiza o artigo 1.861, a incapacidade superveniente do testador não invalida o testamento nem o testamento do incapaz se valida com a superveniência da capacidade.

As pessoas nascidas ou já concebidas no momento da abertura da sucessão são legitimadas a receber por meio da sucessão testamentária, conforme artigo 1.798. Já o artigo 1.799 estende a possibilidade aos filhos, ainda não concebidos, de pessoas indicadas pelo testador, desde que vivas estas ao abrir-se a sucessão, a pessoas jurídicas existentes ou cuja organização for determinada pelo testador sob a forma de fundação.

Por outro lado, o artigo 1.801 traz aqueles que não podem suceder por meio de disposição testamentária.

Art. 1.801. Não podem ser nomeados herdeiros nem legatários:

I - a pessoa que, a rogo, escreveu o testamento, nem o seu cônjuge ou companheiro, ou os seus ascendentes e irmãos;

II - as testemunhas do testamento;

> III - o concubino do testador casado, salvo se este, sem culpa sua, estiver separado de fato do cônjuge há mais de cinco anos;
>
> IV - o tabelião, civil ou militar, ou o comandante ou escrivão, perante quem se fizer, assim como o que fizer ou aprovar o testamento.

A disposição do patrimônio por meio de testamento precisa respeitar a legítima, ocorrendo a redução das disposições em caso de desrespeito, conforme artigo 1.966 e seguintes.

No que tange à regra para nulidade ou anulabilidade, a doutrina enfrenta discussão a respeito de prazo específico trazido pelo Código Civil. Tal fato se dá diante do regramento geral previsto no artigo 166 e seguintes e da disposição do artigo 1.859 do Código Civil.

> Art. 1.859. Extingue-se em cinco anos o direito de impugnar a validade do testamento, contado o prazo da data do seu registro.

Ainda nesse contexto, o artigo 1.909 traz regramento específico de prazo para início da contagem do prazo para anular disposições testamentárias com base em erro, dolo ou coação, iniciando-se o prazo da ciência do vício.

Já para os casos de nulidade, a doutrina se divide entre os que defendem que o prazo de cinco anos previsto no artigo 1.859 se aplica tanto a casos de anulabilidade quanto a casos de nulidade, e os que sustentam que tal prazo se aplica apenas aos casos de anulabilidade.

As disposições de última vontade podem ocorrer por meio do testamento público, testamento cerrado, testamento particular, testamentos especiais e codicilo. Dentre os testamentos especiais estão o marítimo, o aeronáutico e o militar. Tais espécies são taxativas, conforme artigo 1.887.

É vedado o testamento conjuntivo ou comum, sendo simultâneo, recíproco ou correspectivo, conforme artigo 1.863. A lição de Tartuce permite o completo entendimento do dispositivo.

> [...] como espécies do testamento conjuntivo, temos as seguintes definições categóricas:
>
> a) Testamento simultâneo – dois testadores, no mesmo negócio, beneficiam terceira pessoa.
>
> b) Testamento recíproco – realizado por duas pessoas que se beneficiam reciprocamente, no mesmo ato.
>
> c) Testamento correspectivo – os testadores fazem em um mesmo instrumento disposições de retribuição um ao outro, na mesma proporção.[97]

O testamento público será feito por meio de instrumento público, perante tabelião ou seu substituto legal na presença de duas testemunhas, conforme artigo 1.864. No entanto, o artigo 20 da Lei nº 8.935/94 prevê que apenas perante o próprio tabelião poderá ser lavrado o testamento público. Tartuce, citando Zeno Veloso e Carlos Roberto Gonçalves, defende que houve a revogação tácita do dispositivo com a entrada em vigor do Código Civil em 2002.

---

97. TARTUCE, Flávio. *Direito Civil*: Direito das Sucessões. v.6. Disponível em: https://app.minhabiblioteca.com.br/#/books/9786559646975/. Acesso em: 28 out. 2023.

O testamento deverá ser lido em voz alta pelo tabelião ao testador e a duas testemunhas, a um só tempo; ou pelo testador, se o quiser, na presença destas e do oficial. Em seguida à leitura, o instrumento será assinado pelo testador, testemunhas e tabelião.

O testador pode escolher livremente o tabelião, deslocando-se até o tabelionato para que ocorra a lavratura. No entanto, o deslocamento do tabelião não pode ocorrer de forma a extrapolar sua circunscrição, sob pena de nulidade do testamento, conforme artigos 8º e 9º da Lei nº 8.935/94.

A lavratura poderá ocorrer por via eletrônica, conforme artigo 284 e seguintes do Provimento nº 149 de 30/8/2023. O artigo 303 impõe a competência da lavratura de atos notariais pela via eletrônica (e-notariado) conforme a circunscrição.

Quanto às testemunhas, aplicam-se os impedimentos do artigo 228 do Código Civil: menores de dezesseis anos, interessados no litígio, amigo íntimo ou inimigo capital das partes, cônjuges, ascendentes, descendentes e colaterais até o terceiro grau, por consanguinidade ou afinidade.

Caso o testador não saiba ou não possa assinar, seu substituto legal assim o declarará, assinando, neste caso, pelo testador, e, a seu rogo, uma das testemunhas instrumentárias, conforme artigo 1.865.

Já no caso do indivíduo plenamente surdo, caso saiba ler, lerá o testamento. Caso não saiba, designará quem o leia em seu lugar, presentes as testemunhas. Tal é a previsão do artigo 1.866, que se aplica apenas a pessoas totalmente surdas.[98] Ao cego, apenas é permitido o testamento público, conforme artigo 1.867.

---

98. TARTUCE, Flávio. *Direito Civil*: Direito das Sucessões. v.6. Disponível em: https://app.minhabiblioteca.com.br/#/books/9786559646975/. Acesso em: 30 out. 2023.

O Brasil não é um país onde tem-se por costume a confecção de testamentos de forma geral. No caso do testamento cerrado, trata-se de espécie ainda menos utilizada dentre as espécies ordinárias. Como desvantagem, traz a possibilidade de destruição ou violação da cédula em que consta o testamento; como vantagem, o desconhecimento das disposições feitas pelo testador, se assim desejar, afastando qualquer influência sobre seus relacionamentos sociais.[99]

Como requisitos essenciais para sua validade, o testamento cerrado possui as seguintes formalidades a serem obedecidas: será escrito pelo testador ou pessoa a seu rogo e entregue na presença de duas testemunhas ao tabelião ou seu substituto legal, que lavrará auto de aprovação, que deverá ser por todos assinado, fazendo sua leitura em seguida e devolvendo o instrumento ao testador; o testador deverá declarar que se trata de seu testamento e deseja que seja aprovado. Ainda que o instrumento seja escrito pelo tabelião, poderá por ele ser aprovado (artigo 1.870).

O parágrafo único do artigo 1.868 permite que o testamento cerrado seja escrito mecanicamente, desde que seu subscritor numere e autentique, com a sua assinatura, todas as páginas.

No caso de testamento cerrado, não há necessidade de que as testemunhas conheçam o idioma, por isso o artigo 1.871 permite que seja escrito em língua nacional ou estrangeira. Tal fato se dá pela desnecessidade de leitura. As testemunhas atestam a entrega da cédula ao tabelião ou seu substituto, não seu conteúdo.[100]

Nesse sentido, não pode dispor por meio de testamento cerrado quem não saiba ou não possa ler, por in-

99. *Ibidem*.

100. TARTUCE, Flávio. *Direito Civil*: Direito das Sucessões. v.6. Disponível em: https://app.minhabiblioteca.com.br/#/books/9786559646975/. Acesso em: 30 out. 2023.

compatibilidade com os procedimentos atinentes a essa forma de testamento. Por outro lado, poderá fazê-lo o surdo-mudo, conforme artigo 1.873.

> Art. 1.873. Pode fazer testamento cerrado o surdo-mudo, contanto que o escreva todo, e o assine de sua mão, e que, ao entregá-lo ao oficial público, ante as duas testemunhas, escreva, na face externa do papel ou do envoltório, que aquele é o seu testamento, cuja aprovação lhe pede.

Depois de aprovado e cerrado, será o testamento entregue ao testador, e o tabelião lançará, no seu livro, nota do lugar, dia, mês e ano em que o testamento foi aprovado e entregue (artigo 1.874).

Falecido o testador, o testamento será apresentado ao juiz, que o abrirá e o fará registrar, ordenando que seja cumprido, se não achar vício externo que o torne eivado de nulidade ou suspeito de falsidade (artigo 1.875).

Ainda, o artigo 1.972 dispõe que o testamento cerrado que o testador abrir ou dilacerar, ou for aberto ou dilacerado com seu consentimento, haver-se-á como revogado.

Outra espécie é o testamento particular, que, diferentemente dos anteriores, prescinde do tabelião, sendo a espécie mais acessível dentre os testamentos ordinários.

O artigo 1.876 prevê que o testamento particular poderá ser escrito de próprio punho ou mediante processo mecânico. Se escrito de próprio punho, são requisitos essenciais à sua validade que seja lido e assinado por quem o escreveu, na presença de pelo menos três testemunhas, que o devem subscrever. Já se elaborado por processo mecânico, não pode conter rasuras ou espaços em branco, devendo ser assinado pelo testador, depois de o ter lido na presença de pelo menos três testemunhas, que o subscreverão.

Por ser o testamento particular confeccionado pelo próprio interessado, não poderá ser feito por analfabeto.[101]

Morto o testador, publicar-se-á em juízo o testamento, com citação dos herdeiros legítimos, conforme comando do artigo 1.877.

Na sequência, o artigo 1.878 prevê que se as testemunhas forem contestes sobre o fato da disposição, ou, ao menos, sobre a sua leitura perante elas, e se reconhecerem as próprias assinaturas, assim como a do testador, o testamento será confirmado. No caso da falta de testemunhas, por morte ou ausência, e se pelo menos uma delas o reconhecer, o testamento poderá ser confirmado, se, a critério do juiz, houver prova suficiente de sua veracidade.

Por meio do artigo 1.879, o Código Civil traz a possibilidade que é tratada pela doutrina como testamento de emergência ou hológrafo simplificado:[102]

> Art. 1.879. Em circunstâncias excepcionais declaradas na cédula, o testamento particular de próprio punho e assinado pelo testador, sem testemunhas, poderá ser confirmado, a critério do juiz.

Conforme consta do Enunciado 611 da VII Jornada de Direito Civil, o testamento perderá sua validade em 90 dias subsequentes às circunstâncias excepcionais que autorizam sua confecção, seguindo a lógica aplicável aos testamentos especiais.

---

101. TARTUCE, Flávio. *Direito Civil*: Direito das Sucessões. v.6. Disponível em: https://app.minhabiblioteca.com.br/#/books/9786559646975/. Acesso em: 31 out. 2023.

102. TARTUCE, Flávio. *Direito Civil*: Direito das Sucessões. v.6. Disponível em: https://app.minhabiblioteca.com.br/#/books/9786559646975/. Acesso em: 31 out. 2023.

Os testamentos marítimo e aeronáutico são tratados conjuntamente a partir do artigo 1.888, que prevê que quem estiver em viagem, a bordo de navio nacional, de guerra ou mercante, pode testar perante o comandante, em presença de duas testemunhas, por forma que corresponda ao testamento público ou ao cerrado, sendo o registro do testamento realizado no diário de bordo.

Já o artigo 1.889 permite que poderá testar desta forma quem estiver em viagem, a bordo de aeronave militar ou comercial, perante pessoa designada pelo comandante.

Finalizado o testamento na forma de testamento público ou cerrado, observadas todas as formalidades impostas pela lei, ficará sob guarda do comandante, que o entregará às autoridades administrativas do primeiro porto ou aeroporto nacional, contra recibo averbado no diário de bordo.

As regras se aplicam a embarcações ou aeronaves de bandeira brasileira, sendo aplicáveis a estrangeiros ou mesmo clandestinos que nelas se encontrem.[103]

O artigo 1.891 impõe condição de caducidade aos testamentos aeronáutico e marítimo, que ocorrerá se o testador não morrer durante a viagem nem nos noventa dias subsequentes ao seu desembarque em terra.

O referido desembarque, para que seja verificada condição para caducidade, deverá ocorrer em local onde se possa testar pela forma ordinária, ainda que no exterior.[104]

Conforme artigo 1.892, não valerá o testamento marítimo, ainda que feito no curso de uma viagem, se, ao tempo em que se fez, o navio estava em porto onde o

---

103. TARTUCE, Flávio. *Direito Civil*: Direito das Sucessões. v.6. Disponível em: https://app.minhabiblioteca.com.br/#/books/9786559646975/. Acesso em: 3 nov. 2023.

104. *Ibidem*.

testador pudesse desembarcar e testar na forma ordinária. Dispositivo em relação ao qual afirma Tartuce tratar a respeito do campo de eficácia, não de validade.

O artigo 1.893 traz disposições a respeito do testamento militar, que poderá ser feito por militares e demais pessoas a serviço das Forças Armadas em campanha, dentro do País ou fora dele, assim como em praça sitiada ou diante de comunicações interrompidas. Poderá ser realizado, não havendo tabelião ou seu substituto legal, ante duas ou três testemunhas, se o testador não puder, ou não souber assinar, caso em que assinará por ele uma delas.

Seguindo a lógica dos testamentos especiais, o Código Civil traz norma de caducidade para o testamento militar no artigo 1.895, fazendo a ressalva para o caso de terem sido atendidas as disposições do artigo 1.894, quando terá forma semelhante ao testamento cerrado:[105]

> Art. 1.895. Caduca o testamento militar, desde que, depois dele, o testador esteja, noventa dias seguidos, em lugar onde possa testar na forma ordinária, salvo se esse testamento apresentar as solenidades prescritas no parágrafo único do artigo antecedente.

A exceção acima se baseia na desnecessidade de substituição do testamento, observando-se o princípio da conservação do negócio jurídico.[106]

Por fim, há a possibilidade de realização do testamento nuncupativo por pessoas a serviço das Forças Armadas. Desde que empenhadas em combate, ou feridas,

---

105. TARTUCE, Flávio. *Direito Civil*: Direito das Sucessões. v.6. Disponível em: https://app.minhabiblioteca.com.br/#/books/9786559646975/. Acesso em: 3 nov. 2023.

106. *Ibidem*.

podem testar oralmente, confiando a sua última vontade a duas testemunhas. A disposição não terá efeito se o testador não morrer na guerra ou convalescer do ferimento.

O artigo 1.881 e seguintes tratam do codicilo, que poderá ser feito por toda pessoa capaz de testar, mediante escrito particular seu, datado e assinado, sendo possível realizar disposições especiais sobre o seu enterro, sobre esmolas de pouca monta a certas e determinadas pessoas, ou, indeterminadamente, aos pobres de certo lugar, assim como legar móveis, roupas ou joias, de pouco valor, de seu uso pessoal.

A respeito do que se entende de bens de pequeno valor, deverá ser decidido conforme o caso concreto, de acordo com os bens que componham o espólio.[107]

Há ainda o que normalmente se chama de testamento vital, por meio do qual a pessoa pode dispor a respeito da submissão ou não a determinados tratamentos médicos, regulada pela Resolução 1.995/2012 do Conselho Federal de Medicina.

Trata-se de disposição com base na autonomia da vontade e na dignidade da pessoa humana para que não seja prolongado sofrimento por meio de tratamento que não tenha hipótese de cura, mas não se assemelha juridicamente às espécies ordinárias e extraordinárias de testamento. Para Tartuce "a expressão testamento vital ou biológico não é correta quanto à categorização jurídica, pois o que se propõe não é um testamento em si".[108]

Uma importante anotação é a tendência à flexibilização tanto dos requisitos dos testamentos, quando da

---

107. *Ibidem*.

108. TARTUCE, Flávio. *Direito Civil*: Direito das Sucessões. v.6. Disponível em: https://app.minhabiblioteca.com.br/#/books/9786559646975/. Acesso em: 03 nov. 2023. p. 634.

comparação de mesmas espécies entre a codificação civil anterior e a presente, como na aceitação pelo Poder Judiciário quando do procedimento de abertura e registro, sendo aceita mitigação de requisitos formais para validação da manifestação de última vontade do testador.[109]

A flexibilização dos requisitos testamentários é fator importante na concretização da última vontade do testador. Ao adotar tal direcionamento, a jurisprudência prioriza a disposição de última vontade em detrimento das formalidades, desde que não restem dúvidas a respeito do desejo da pessoa falecida.

Tratando-se de herança legítima ou testamentária, impõe-se o entendimento dos meios processuais pelos quais será processada a transmissão do patrimônio do autor da herança, o que será abordado na sequência.

2.1.2 Inventário – formalização da transmissão *causa mortis*

Com a morte da pessoa natural, a formalização da transmissão de seus bens, direitos e obrigações, ocorrida com base no princípio da *saisine* e por força do artigo 1.784, ocorrerá por meio do procedimento de inventário, que tem suas principais normas no artigo 610 e seguintes.[110]

No que tange à natureza do procedimento, trata-se de procedimento especial de jurisdição contenciosa, pois, nas palavras de Ribeiro, a pretensão supera a integração:

> De outro lado, a jurisdição será contenciosa, mesmo que as partes não apresen-

---

109. *Ibidem*.

110. RIBEIRO, Marcelo. *Processo Civil*. Disponível em: https://app.minhabiblioteca.com.br/#/books/9786559646166/. Acesso em: 3 nov. 2023.

> tem resistência, se a pretensão deduzida superar a integração. É esse o caso do inventário, que, diante do Poder Judiciário, reclama provimento para o levantamento e posterior adjudicação dos quinhões aos respectivos sucessores.[111]

Passa-se à análise dos requisitos de admissibilidade para a propositura do inventário. No que diz respeito à legitimidade, o artigo 616 do Código de Processo Civil traz uma lista cuja legitimidade para propositura é concorrente, o que significa que não há necessidade de espera do cumprimento e eventual rompimento do prazo de 2 (dois) meses previsto no artigo 611 do mesmo diploma normativo por outros legitimados à propositura.[112]

> Art. 616. Têm, contudo, legitimidade concorrente:
>
> I - o cônjuge ou companheiro;
>
> II - o herdeiro;
>
> III - o legatário;
>
> IV - o testamenteiro;
>
> V - o cessionário do herdeiro ou do legatário;
>
> VI - o credor do herdeiro, do legatário ou do autor da herança;
>
> VII - o Ministério Público, havendo herdeiros incapazes;

111. *Ibidem.*

112. RIBEIRO, Marcelo. Processo Civil. Disponível em: https://app.minhabiblioteca.com.br/#/books/9786559646166/. Acesso em: 3 nov. 2023.

> VIII - a Fazenda Pública, quando tiver interesse;
>
> IX - o administrador judicial da falência do herdeiro, do legatário, do autor da herança ou do cônjuge ou companheiro supérstite.

Na sequência, o artigo 617 traz os que devem ser nomeados à inventariança, neste caso, de acordo com a ordem prevista no artigo, que é a seguinte: o cônjuge ou companheiro sobrevivente, desde que estivesse convivendo com o outro ao tempo da morte deste; o herdeiro que se achar na posse e na administração do espólio, se não houver cônjuge ou companheiro sobrevivente ou se estes não puderem ser nomeados; qualquer herdeiro, quando nenhum deles estiver na posse e na administração do espólio; o herdeiro menor, por seu representante legal; o testamenteiro, se lhe tiver sido confiada a administração do espólio ou se toda a herança estiver distribuída em legados; o cessionário do herdeiro ou do legatário; o inventariante judicial, se houver; pessoa estranha idônea, quando não houver inventariante judicial.

Sobre o interesse de agir, o procedimento de inventário permite a regularização ou mesmo acesso aos bens e direitos, que podem, a depender da natureza, estar em uso ainda que na esfera patrimonial do espólio – o que ocorre com imóveis – ou mesmo inacessíveis como consequência do óbito da pessoa – o que pode ocorrer com ativos bancários.

No que tange à adequação da via, por ser o inventário procedimento essencialmente documental, não se admite a apreciação de questões que demandem oitivas de testemunhas ou produção de prova pericial.[113] Desta feita, o herdeiro que documentalmente comprova sua condição pode iniciar o inventário ou ingressar em procedimento em andamento. Já o que ainda não ostenta tal condição, deverá recorrer às vias ordinárias para tal comprovação.[114]

Ainda, há diferentes caminhos processuais aplicáveis a inventário de bens que dependem de fatores como existência de litígio, presença de incapazes e valores dos bens transmitidos.

O inventário extrajudicial é inserido no ordenamento jurídico brasileiro por meio da Lei nº 11.441/07, que alterou o Código de Processo Civil de 1973, vigente à época, estimulando a autocomposição[115] diante da ausência de conflito entre os interessados.

Com a entrada em vigência do Código Civil de 2015, a hipótese foi mantida, nesta oportunidade no artigo 610,[116] que traz como requisitos a maioridade, a capacidade e a concordância de todos os envolvidos.

---

113. LOURENÇO, Haroldo. *Processo Civil Sistematizado*. Disponível em: https://app.minhabiblioteca.com.br/#/books/9786559640133/. Acesso em: 14 nov. 2023.

114. RIBEIRO, Marcelo. *Processo Civil*. Disponível em: https://app.minhabiblioteca.com.br/#/books/9786559646166/. Acesso em: 4 nov. 2023.

115. LOURENÇO, Haroldo. *Processo Civil Sistematizado*. Disponível em: https://app.minhabiblioteca.com.br/#/books/9786559640133/. Acesso em: 14 nov. 2023.

116. Código Civil. Art. 610. Havendo testamento ou interessado incapaz, proceder-se-á ao inventário judicial.
§ 1º Se todos forem capazes e concordes, o inventário e a partilha poderão ser feitos por escritura pública, a qual constituirá documento hábil para qualquer ato de registro, bem como para levantamento de importância depositada em instituições financeiras.
§ 2º O tabelião somente lavrará a escritura pública se todas as partes interessadas estiverem assistidas por advogado ou por defensor público, cuja qualificação e assinatura constarão do ato notarial.

A capacidade inclui emancipados e maiores cuja capacidade de discernimento não seja impeditiva para assinatura da escritura pública de inventário.[117]

Em que pese a imposição do *caput* do artigo 610 da capacidade civil de todos os envolvidos, há jurisprudência do Superior Tribunal de Justiça permitindo a lavratura de escritura pública de inventário diante da existência de testamento, desde que os envolvidos sejam maiores, capazes e concordes (Recurso Especial nº 1.951.456 – RS).

Normatizando a hipótese trazida pela da Lei nº 11.441/07, há a Resolução nº 35/2007 do Conselho Nacional de Justiça, que aborda as hipóteses de inventário, partilha, separação consensual, divórcio consensual e extinção consensual de união estável.

Como se depreende da própria redação do § 1º do artigo 610 do Código de Processo Civil, a realização do inventário por meio de escritura é faculdade dos envolvidos. Tal hipótese persiste mesmo diante da existência de procedimento judicial em curso, conforme artigo 2º da Resolução nº 35/2007.

> Art. 2º. É facultada aos interessados a opção pela via judicial ou extrajudicial; podendo ser solicitada, a qualquer momento, a suspensão, pelo prazo de 30 dias, ou a desistência da via judicial, para promoção da via extrajudicial.

O artigo 11 da citada norma traz importantes disposições a respeito do inventariante no inventário extrajudicial, dentre as quais, em seu *caput*, a desvinculação da ordem constante do artigo 617 do Código de Processo Civil.

---

117. RIBEIRO, Marcelo. *Processo Civil*. Disponível em: https://app.minhabiblioteca.com.br/#/books/9786559646166/. Acesso em: 13 nov. 2023.

O parágrafo primeiro traz a possibilidade de lavratura em escritura de nomeação de inventariante anterior à escritura de partilha ou adjudicação, situação que permite o cumprimento de obrigações ativas e passivas anteriores à finalização do inventário, conforme já aventado no próprio *caput* do dispositivo.

Por sua vez, o parágrafo segundo abre a possibilidade de levantamento de valores bancários para pagamento do imposto incidente e de emolumentos. Ressalte-se que a escritura só pode ser lavrada diante da quitação de todos os tributos incidentes, conforme artigo 15.

> Art. 15. O recolhimento dos tributos incidentes deve anteceder a lavratura da escritura.

Finalizando o artigo 11, incluído pela Resolução nº 452/22, o parágrafo terceiro define a nomeação do inventariante como termo inicial do inventário na hipótese extrajudicial, suprindo a lacuna existente até sua inserção. Tal norma é importante para fins de eventual incidência de multa de protocolização prevista pela norma tributária de alguns estados.

A escritura de inventário e partilha ou adjudicação são títulos hábeis para registro civil, imobiliário e transferência dos bens e direitos dela constantes, não dependendo de outros atos para sua validade (artigo 3º, Resolução nº 35/07).

Inicialmente, em consonância com o que foi colocado anteriormente, presentes os requisitos do artigo 610, a realização do inventário pela via judicial ou extrajudicial é faculdade das partes, que farão a escolha conforme sua conveniência.

No entanto, diante da presença de incapazes e/ou discordância entre as partes, o procedimento de inventário judicial irá se impor.

Diante da hipótese de inventário judicial, pode-se falar em arrolamento sumário, arrolamento comum ou rito de inventário judicial, a partir das condições constantes do caso concreto, que serão devidamente abordadas a seguir.

Ainda, em que pese a não ser o alvará (Lei nº 6.858, de 24 de novembro de 1980) uma espécie de inventário judicial, será devidamente abordado para fins de uma compreensão ampla sobre o tema da transmissão *causa mortis*.

O procedimento judicial em regra se impõe diante da existência de testamento. No entanto, a normatização a respeito do tema tem evoluído para permitir a sucessão testamentária por meio da via extrajudicial, desde que realizado o procedimento de abertura e registro do testamento junto ao Poder Judiciário. No caso do estado de São Paulo, por exemplo, tal possibilidade foi trazida por meio do Provimento nº 37 da Corregedoria Geral de Justiça.[118]

No que tange à competência, as regras estão previstas no artigo 48, trazendo a competência internacional exclusiva, "o que reserva para a autoridade judiciária brasileira, com exclusão de qualquer outra, a responsabilidade para processar e julgar o inventário de bens situados no país, mesmo quando o autor da herança tenha nacionalidade diversa, ou tenha fixado domicílio fora do país".[119]

Na sequência, o parágrafo único trata de outras três hipóteses subsidiárias de foro:

---

118. BARROSO, Darlan; LETTIERE, Juliana F. *Prática no processo civil*. Disponível em: https://app.minhabiblioteca.com.br/#/books/9788553611935/. Acesso em: 14 nov. 2023.

119. RIBEIRO, Marcelo. *Processo Civil*. Disponível em: https://app.minhabiblioteca.com.br/#/books/9786559646166/. Acesso em: 4 nov. 2023. p. 507.

> Art. 48. [...]
>
> Parágrafo único. Se o autor da herança não possuía domicílio certo, é competente:
>
> I - o foro de situação dos bens imóveis;
>
> II - havendo bens imóveis em foros diferentes, qualquer destes;
>
> III - não havendo bens imóveis, o foro do local de qualquer dos bens do espólio.

O artigo 612 informa que o juiz decidirá todas as questões de direito desde que os fatos relevantes estejam provados por documento, só remetendo para as vias ordinárias as questões que dependerem de outras provas. As questões remetidas às vias ordinárias são chamadas pela doutrina de questões de alta indagação, sendo aquelas que demandem dilação probatória testemunhal ou pericial.[120]

Quando do óbito, o titular dos bens e direitos deixa de existir, havendo a necessidade de uma resposta normativa para a titularidade do patrimônio. Nesse sentido, há as figuras do administrador provisório e do inventariante.

O administrador provisório é aquele que exerce a posse dos bens, fazendo sua representação ativa ou passiva.[121]

Com a abertura do inventário, o juiz nomeará o inventariante, conforme artigo 617 e seguintes, que tem suas competências elencadas no artigo 618.[122]

---

120. BARROSO, Darlan; LETTIERE, Juliana F. *Prática no processo civil*. Disponível em: https://app.minhabiblioteca.com.br/#/books/9788553611935/. Acesso em: 14 nov. 2023.

121. RIBEIRO, Marcelo. *Processo Civil*. Disponível em: https://app.minhabiblioteca.com.br/#/books/9786559646166/. Acesso em: 4 nov. 2023.

122. Código de Processo Civil. Artigo 618.

Na administração do espólio, atos dispositivos como alienação, pagamento de dívidas, transações e contratação de despesas necessárias para conservação e aprimoramento dos bens devem ser realizados após oitiva dos interessados e decisão judicial, conforme preconiza o artigo 619.

No caso de inobservância dos seus deveres, o inventariante poderá ser removido por meio de processo apartado, conforme artigos 623 a 625. As razões para remoção constam dos incisos do artigo 622, sendo exemplificativas.[123]

Os artigos 669 e 670 tratam da sobrepartilha, que ocorrerá diante de bens sonegados, descobertos após a partilha, litigiosos, assim como os de liquidação difícil ou

---

Art. 618. Incumbe ao inventariante:
I - representar o espólio ativa e passivamente, em juízo ou fora dele, observando-se, quanto ao dativo, o disposto no art. 75, § 1º;
II - administrar o espólio, velando-lhe os bens com a mesma diligência que teria se seus fossem;
III - prestar as primeiras e as últimas declarações pessoalmente ou por procurador com poderes especiais;
IV - exibir em cartório, a qualquer tempo, para exame das partes, os documentos relativos ao espólio;
V - juntar aos autos certidão do testamento, se houver;
VI - trazer à colação os bens recebidos pelo herdeiro ausente, renunciante ou excluído;
VII - prestar contas de sua gestão ao deixar o cargo ou sempre que o juiz lhe determinar;
VIII - requerer a declaração de insolvência.

123. Código de Processo Civil.
Art. 622. O inventariante será removido de ofício ou a requerimento:
I - se não prestar, no prazo legal, as primeiras ou as últimas declarações;
II - se não der ao inventário andamento regular, se suscitar dúvidas infundadas ou se praticar atos meramente protelatórios;
III - se, por culpa sua, bens do espólio se deteriorarem, forem dilapidados ou sofrerem dano;
IV - se não defender o espólio nas ações em que for citado, se deixar de cobrar dívidas ativas ou se não promover as medidas necessárias para evitar o perecimento de direitos;
V - se não prestar contas ou se as que prestar não forem julgadas boas;
VI - se sonegar, ocultar ou desviar bens do espólio.

morosa ou situados em lugar remoto da sede do juízo onde se processa o inventário.

O procedimento se dará nos autos em que ocorreu o inventário, sendo aplicáveis as disposições a respeito de inventário e partilha que serão a seguir estudadas.

Destaque-se ainda que a seção IX do capítulo IV é nomeada "Do Arrolamento", não havendo divisão em tipos. No entanto, a doutrina traz o arrolamento sumário e o arrolamento comum ou simplesmente arrolamento, em face da existência de dois procedimentos dentro da mesma seção.

Este livro segue tal linha de raciocínio, respeitando essa divisão que se apresenta tanto na prática quanto na teoria, defendida pela doutrina majoritária sobre o tema.

O rito de inventário judicial é o mais complexo dentre as espécies de inventário judicial. Ocorrerá quando não houver acordo entre as partes e o espólio for superior a 1.000 salários-mínimos. Isso porque diante da ausência de uma ou outra dessas duas condições, pode ser aplicável o arrolamento sumário ou o arrolamento comum.

Nessa hipótese o juiz competente deverá conduzir o inventário por meio de cada etapa trazida pelo Código de Processo Civil, ignorando apenas aquelas que não se apliquem ao caso concreto, como poderá ser o exemplo da colação, que, naturalmente, não terá seu procedimento aplicado diante da inexistência de doação que deva ser colacionada a herdeiro.

Em suma, inicialmente o inventário será distribuído, devendo o juiz competente verificar a legitimidade de quem realiza a propositura. Na sequência, nomeará o inventariante, que deverá prestar compromisso, tudo conforme artigo 617.

O artigo 611 traz o prazo de dois meses para a propositura da ação de inventário e de um ano para seu encerramento, parâmetros que se mostram bastante destoantes em relação ao verificado na prática.

Especificamente no que tange ao prazo de início, é possível a sanção por meio de multa prevista em norma tributária específica relacionada ao ITCMD, obviamente em âmbito estadual. O tema já foi apreciado pelo Supremo Tribunal Federal, havendo a súmula 542 que traz o seguinte enunciado:

> Não é inconstitucional a multa instituída pelo Estado-membro, como sanção pelo retardamento do início ou da ultimação do inventário.
>
> Conforme artigo 620, deverá o inventariante apresentar as primeiras declarações, que conterão o seguinte:
>
> Art. 620. Dentro de 20 (vinte) dias contados da data em que prestou o compromisso, o inventariante fará as primeiras declarações, das quais se lavrará termo circunstanciado, assinado pelo juiz, pelo escrivão e pelo inventariante, no qual serão exarados:
>
> I - o nome, o estado, a idade e o domicílio do autor da herança, o dia e o lugar em que faleceu e se deixou testamento;
>
> II - o nome, o estado, a idade, o endereço eletrônico e a residência dos herdeiros e, havendo cônjuge ou companheiro supérstite, além dos respectivos dados pessoais, o regime de bens do casamento ou da união estável;

III - a qualidade dos herdeiros e o grau de parentesco com o inventariado;

IV - a relação completa e individualizada de todos os bens do espólio, inclusive aqueles que devem ser conferidos à colação, e dos bens alheios que nele forem encontrados, descrevendo-se:

a) os imóveis, com as suas especificações, nomeadamente local em que se encontram, extensão da área, limites, confrontações, benfeitorias, origem dos títulos, números das matrículas e ônus que os gravam;

b) os móveis, com os sinais característicos;

c) os semoventes, seu número, suas espécies, suas marcas e seus sinais distintivos;

d) o dinheiro, as joias, os objetos de ouro e prata e as pedras preciosas, declarando-se-lhes especificadamente a qualidade, o peso e a importância;

e) os títulos da dívida pública, bem como as ações, as quotas e os títulos de sociedade, mencionando-se-lhes o número, o valor e a data;

f) as dívidas ativas e passivas, indicando-se-lhes as datas, os títulos, a origem da obrigação e os nomes dos credores e dos devedores;

g) direitos e ações;

> h) o valor corrente de cada um dos bens do espólio.
>
> § 1º O juiz determinará que se proceda:
>
> I - ao balanço do estabelecimento, se o autor da herança era empresário individual;
>
> II - à apuração de haveres, se o autor da herança era sócio de sociedade que não anônima.
>
> § 2º As declarações podem ser prestadas mediante petição, firmada por procurador com poderes especiais, à qual o termo se reportará.

Após a apresentação das primeiras declarações, o juiz mandará citar, para os termos do inventário e da partilha, o cônjuge, o companheiro, os herdeiros e os legatários e intimar a Fazenda Pública, o Ministério Público, se houver herdeiro incapaz ou ausente, e o testamenteiro, se houver testamento, conforme consta do *caput* do artigo 626.

As citações devem ocorrer pelo correio, sendo publicado edital em caso de cônjuge ou companheiro, herdeiro ou legatário em lugar incerto ou não sabido.

Concluídas as citações, abrir-se-á vista às partes, em cartório e pelo prazo comum de quinze dias, para que se manifestem sobre as primeiras declarações, incumbindo às partes arguir erros, omissões e sonegação de bens; reclamar contra a nomeação de inventariante; e contestar a qualidade de quem foi incluído no título de herdeiro.

Julgando procedente a impugnação a respeito das primeiras declarações, deverá ser feita a correção pelo inventariante. Já no caso de procedência quanto à nomeação do inventariante, deverá ser nomeado outro em seu lugar.

Havendo disputa quanto à qualidade de herdeiro, deverá ser a questão remetida às vias ordinárias caso seja necessária produção de provas não documentais. Nesse caso o quinhão será reservado até que a questão seja decidida.

O artigo 628 traz a possibilidade da admissão no inventário daquele que se julgue preterido, devendo requerer antes da partilha. As partes são ouvidas em 15 (quinze) dias, havendo a decisão pelo juiz em seguida. A esta possibilidade também se aplica a regra de que havendo necessidade de produção de provas que não a documental, será a questão remetida às vias ordinárias.

O artigo 629 impõe o prazo de 15 (quinze) dias para que a Fazenda Pública informe ao juízo, de acordo com os dados que constam de seu cadastro imobiliário, o valor dos bens de raiz descritos nas primeiras declarações.

A partir do artigo 630, o Código de Processo Civil dispõe sobre avaliação e cálculo do imposto. O *caput* do dispositivo traz o termo "se necessário" quando se refere à avaliação dos bens do espólio por perito ou avaliador judicial, caso existente na comarca. O comando, com o disposto nos artigos 633 e 634, expõe que regra que é a de não realização de avaliação em âmbito judicial.

> Art. 633. Sendo capazes todas as partes, não se procederá à avaliação se a Fazenda Pública, intimada pessoalmente, concordar de forma expressa com o valor atribuído, nas primeiras declarações, aos bens do espólio.
>
> Art. 634. Se os herdeiros concordarem com o valor dos bens declarados pela Fa-

> zenda Pública, a avaliação cingir-se-á aos demais.

Em regra, impõe-se a avaliação quando há incapazes ou litígio entre as partes do processo. Sendo todos capazes e havendo concordância entre as partes e a Fazenda Pública, definidos estarão os valores dos bens.

Sendo o caso de realização de laudo de avaliação, as partes se manifestarão no prazo de 15 (quinze) dias, ao final do qual o juiz se manifestará mantendo o valor atribuído ou ordenando sua alteração, conforme artigo 635.

Após aceitação dos valores propostos, laudo ou decisão a respeito da impugnação, passa-se às últimas declarações, momento em que o inventariante poderá emendar, aditar ou complementar as primeiras declarações.

A discussão dos valores do ITCMD incidente passa pelos pormenores da legislação tributária estadual, que será objeto de análise em momento posterior.

Finalmente o artigo 638 traz o prazo de 5 dias para que as partes sejam ouvidas a respeito do cálculo do imposto, sendo a Fazenda Pública ouvida em seguida.

A partir do artigo 639, o Código de Processo Civil dispõe a respeito da colação, que é definida por Ribeiro nos seguintes termos:

> Tecnicamente, a colação consiste na recomposição ao acervo hereditário, feita por ato judicial de adição dos bens doados antecipadamente, a fim de que se possam equalizar os direitos de todos os herdeiros necessários.[124]

---

124. RIBEIRO, Marcelo. *Processo Civil*. Disponível em: https://app.minhabiblioteca.com.br/#/books/9786559646166/. Acesso em: 4 nov. 2023. p. 510.

No prazo definido pelo artigo 627 (vistas às partes após a conclusão das citações), o herdeiro deverá informar os bens que recebeu e respectivos valores. Os bens a serem conferidos na partilha, assim como as acessões e as benfeitorias que o donatário fez, serão calculados pelo valor que tiverem ao tempo da abertura da sucessão. O Superior Tribunal de Justiça tem entendimento no sentido de que bem deverá ter o valor da doação ajustado monetariamente até a abertura da sucessão.[125]

A renúncia ou exclusão de herdeiro não o exime da responsabilidade de repor a parte inoficiosa no momento da realização do inventário. No entanto, é permitido ao donatário escolher o bem a ser devolvido ao espólio.

Não sendo o ato da colação suscetível de divisão cômoda, o juiz determinará licitação entre os herdeiros, tendo o donatário preferência sobre os demais para aquisição do bem.

Caso o herdeiro negue ter recebido os bens ou não os colacione, o juiz decidirá, ouvidas as partes no prazo comum de 15 dias, a partir das alegações e provas pro-

---

125. RECURSO ESPECIAL. SUCESSÃO. BENS À COLAÇÃO. VALOR DOS BENS DOADOS. APLICAÇÃO DA LEI VIGENTE À ÉPOCA DA ABERTURA DA SUCESSÃO. APLICAÇÃO DA REGRA DO ART. 2.004 DO CC/2002. VALOR ATRIBUÍDO NO ATO DE LIBERALIDADE COM CORREÇÃO MONETÁRIA ATÉ A DATA DA SUCESSÃO. RECURSO ESPECIAL IMPROVIDO.
1. Tendo sido aberta a sucessão na vigência do Código Civil de 2002, deve-se observar o critério estabelecido no art. 2.004 do referido diploma, que modificou o art. 1.014, parágrafo único, do Código de Processo Civil de 1973, pois a contradição presente nos diplomas legais, quanto ao valor dos bens doados a serem trazidos à colação, deve ser solucionada com observância do princípio de direito intertemporal *tempus regit actum*. 2. O valor de colação dos bens deverá ser aquele atribuído ao tempo da liberalidade, corrigido monetariamente até a data da abertura da sucessão. 3. Existindo divergência quanto ao valor atribuído aos bens no ato de liberalidade, poderá o julgador determinar a avaliação por perícia técnica para aferir o valor que efetivamente possuíam à época da doação. 4. Recurso especial não provido. RECURSO ESPECIAL Nº 1.166.568 – SP (2009/0224975-7) Relator: Ministro Lázaro Guimarães.

duzidas. Decidindo o juiz pela obrigação de colacionar, o herdeiro terá o prazo improrrogável de 15 (quinze) dias, findo o qual o juiz mandará sequestrar os bens ou valores equivalentes, em caso de inexistência.

Havendo necessidade de dilação probatória que não a documental, será a questão remetida às vias ordinárias, não podendo o herdeiro receber seu quinhão enquanto for pendente a demanda, sem prestar caução correspondente ao valor dos bens.

A partir do artigo 642, o Código de Processo Civil dispõe a respeito do pagamento das dívidas pelo espólio, que por sua condição não personalíssima, acompanham a herança em sua extensão patrimonial.[126]

O credor deve requerer ao juízo o pagamento de dívidas vencidas e exigíveis antes da partilha, por meio de petição acompanhada de prova literal, que será distribuída por dependência autuada em apenso aos autos do processo de inventário.

Havendo concordância das partes, o juiz declarará habilitado o credor, ordenando a separação do dinheiro para pagamento ou, na sua falta, a indicação de bens suficientes para satisfação da obrigação.

Sendo o caso de satisfação por meio de bens, o juiz ordenará sua alienação, seguindo as disposições a respeito de expropriação constantes do Código de Processo Civil. No entanto, o credor pode concordar que lhe sejam adjudicados os bens reservados, o que será deferido pelo juiz, em caso de concordância das partes.

Não havendo concordância de todas as partes sobre o pedido de pagamento feito pelo credor, o pedido será remetido às vias ordinárias. Nesse caso, porém, o juiz man-

---

126. RIBEIRO, Marcelo. *Processo Civil*. Disponível em: https://app.minhabiblioteca.com.br/#/books/9786559646166/. Acesso em: 14 nov. 2023.

dará, reservar, em poder do inventariante, bens suficientes para pagar o credor quando a dívida constar de documento que comprove suficientemente a obrigação e a impugnação não se fundar em quitação.

O artigo 644 permite que o credor de dívida líquida e certa, ainda não vencida, possa requerer habilitação no inventário. Havendo concordância das partes, o juiz, ao julgar habilitado o crédito, mandará que se faça separação de bens para o futuro pagamento.

No ordenamento jurídico brasileiro, três são as possíveis formas de partilha: amigável, judicial ou partilha em vida.[127]

A partilha amigável poderá se dar por meio de escritura pública, redução a termo nos autos do inventário judicial, documento particular homologado judicialmente ou a escritura pública de inventário nos termos do artigo 610 e seguintes do Código de Processo Civil.[128]

A partilha em vida se dá por ato de gestão do próprio patrimônio por meio do qual o indivíduo reparte seus bens entre os herdeiros, sendo regular desde que respeite os limites impostos à legítima.[129]

Já a partilha judicial é regulada pelo Código de Processo Civil a partir do seu artigo 647, que ocorrerá por meio de decisão judicial de natureza constitutiva.[130]

Tal dispositivo inaugura a seção referente à partilha, informando que após a reserva de bens para pagamento de credores, o juiz facultará às partes, no prazo de 15 (quinze) dias, a formulação do pedido de quinhão, para

---

127. RIBEIRO, Marcelo. *Processo Civil*. Disponível em: https://app.minhabiblioteca.com.br/#/books/9786559646166/. Acesso em: 14 nov. 2023.

128. *Ibidem*.

129. *Ibidem*.

130. *Ibidem*.

que em seguida possa deliberar a respeito da partilha, resolvendo os pedidos das partes e designando os bens que devam constituir o quinhão de cada herdeiro e legatário.

O termo "facultará" expõe a necessidade de uma decisão judicial ainda que as partes não formulem pedidos conforme possibilidade do *caput* do artigo 647:

> Ao final do prazo para o levantamento das pretensões sobre a forma de divisão dos bens, ou mesmo na falta de qualquer manifestação, caberá ao magistrado proferir decisão de deliberação da partilha, resolvendo, com isso, os pedidos (se houver) e a designação dos bens que irão compor o quinhão de cada herdeiro ou legatário.[131]

Na partilha, serão observadas as seguintes regras: a máxima igualdade possível quanto ao valor, à natureza e à qualidade dos bens, a prevenção de litígios futuros, a máxima comodidade dos coerdeiros, do cônjuge ou do companheiro, se for o caso.

Havendo bens insuscetíveis de divisão cômoda, não havendo acordo para que sejam adjudicados a todos, serão licitados entre os interessados ou vendidos judicialmente, caso em que o valor será partilhado.

Havendo nascituro, o quinhão que a ele couber será reservado em poder do inventariante, conforme artigo 650.

Após a decisão pelo juiz a respeito dos bens que comporão cada quinhão, o partidor organizará o esboço da partilha, conforme artigo 651.

> Art. 651. O partidor organizará o esboço da partilha de acordo com a decisão judicial, observando nos pagamentos a seguinte ordem:

131. RIBEIRO, Marcelo. *Processo Civil*. Disponível em: https://app.minhabiblioteca.com.br/#/books/9786559646166/. Acesso em: 14 nov. 2023. p. 512.

I - dívidas atendidas;

II - meação do cônjuge;

III - meação disponível;

IV - quinhões hereditários, a começar pelo coerdeiro mais velho.

Feito o esboço, as partes manifestar-se-ão no prazo comum de 15 (quinze) dias, e, resolvidas as reclamações, a partilha será lançada nos autos, nos termos do artigo 653.

Art. 653. A partilha constará:

I - de auto de orçamento, que mencionará:

a) os nomes do autor da herança, do inventariante, do cônjuge ou companheiro supérstite, dos herdeiros, dos legatários e dos credores admitidos;

b) o ativo, o passivo e o líquido partível, com as necessárias especificações;

c) o valor de cada quinhão;

II - de folha de pagamento para cada parte, declarando a quota a pagar-lhe, a razão do pagamento e a relação dos bens que lhe compõem o quinhão, as características que os individualizam e os ônus que os gravam.

Parágrafo único. O auto e cada uma das folhas serão assinados pelo juiz e pelo escrivão.

Após, o imposto de transmissão *causa mortis* será pago, sendo juntada certidão ou informação negativa de dívida na Fazenda Pública, juntando o juiz por sentença a partilha.

A existência de dívida na Fazenda Pública não obstará o julgamento da partilha, desde que o seu pagamento esteja devidamente garantido.

Transitada em julgado a sentença que julga a partilha, receberá o herdeiro os bens a ele atribuídos e um formal de partilha do qual constará o termo de inventariante e título de herdeiros, avaliação dos bens que constituíram o quinhão do herdeiro, pagamento do quinhão hereditário, quitação dos impostos e sentença, conforme artigo 655.

Tal documento poderá ser substituído por certidão de pagamento do quinhão hereditário quando esse não exceder a 5 (cinco) vezes o salário-mínimo, caso em que se transcreverá nela a sentença de partilha transitada em julgado.

No que tange ao arrolamento comum, trata-se de rito simplificado em que o valor dos bens do espólio for igual ou inferior a 1.000 salários-mínimos, conforme artigo 664 do Código de Processo Civil, podendo ocorrer mesmo diante de interessado incapaz, desde que concordem as partes.

Poderá ser proposto pelos legitimados previstos no artigo 615 também do Código de Processo Civil.

Os valores dos bens são atribuídos pelo inventariante, que será nomeado independentemente de assinatura de termo de compromisso. Qualquer das partes ou o Ministério Público poderá impugnar os valores atribuídos, hipótese em que o juiz nomeará perito para avaliação, sendo concedido o prazo de 10 (dez) dias.

Provada a quitação dos tributos relativos aos bens do espólio e às suas rendas, o juiz julgará a partilha.

Quanto ao arrolamento sumário, trata-se de procedimento ainda mais simples que o arrolamento comum, que se justifica diante da presença de herdeiros maiores, capazes e concordes.[132]

Não há, nessa hipótese, limite de valor para fins de critério de admissibilidade, devendo ser o requerimento assinado por todos, podendo ocorrer a cumulação no polo ativo ou por meio de documento que comprove o consentimento dos demais.[133]

Trata-se de procedimento célere, em que, nos termos utilizados pelo Código de Processo Civil, a partilha poderá ser homologada de plano.

> Art. 659. A partilha amigável, celebrada entre partes capazes, nos termos da lei, será homologada de plano pelo juiz, com observância dos arts. 660 a 663.
>
> § 1º O disposto neste artigo aplica-se, também, ao pedido de adjudicação, quando houver herdeiro único.
>
> § 2º Transitada em julgado a sentença de homologação de partilha ou de adjudicação, será lavrado o formal de partilha ou elaborada a carta de adjudicação e, em seguida, serão expedidos os alvarás referentes aos bens e às rendas por ele abrangidos, intimando-se o fisco para lançamento administrativo do imposto de transmissão e de outros tributos porventura incidentes, conforme dispuser a legislação tributária, nos termos do § 2º do art. 662.

---

132. RIBEIRO, Marcelo. *Processo Civil*. Disponível em: https://app.minhabiblioteca.com.br/#/books/9786559646166/. Acesso em: 14 nov. 2023.

133. *Ibidem*.

O inciso II faz menção ao artigo 630, que trata da avaliação de bens no âmbito do inventário judicial. No entanto, o artigo 661 impõe que a avaliação só será realizada diante da necessidade de reserva de bens para credores.

Em suma, atendido o artigo 660, não sendo o caso de avaliação para proteção do interesse de credores, poderá o juiz homologar a partilha ou adjudicar os bens ao único herdeiro, se assim for o caso.

> Art. 660. Na petição de inventário, que se processará na forma de arrolamento sumário, independentemente da lavratura de termos de qualquer espécie, os herdeiros:
>
> I - requererão ao juiz a nomeação do inventariante que designarem;
>
> II - declararão os títulos dos herdeiros e os bens do espólio, observado o disposto no art. 630;
>
> III - atribuirão valor aos bens do espólio, para fins de partilha.

Ressalte-se que houve discussão a respeito da constitucionalidade do artigo 662 do Código de Processo Civil, que dispensa a apreciação de questões relativas a taxas judiciárias ou incidência do ITCMD no âmbito do arrolamento sumário, havendo fixação de tese no sentido de desnecessidade de apreciação nos autos das questões relativas ao pagamento deste imposto.[134]

---

134. Superior Tribunal de Justiça. *Homologação da partilha em arrolamento sumário dispensa o prévio recolhimento do ITCMD*. Disponível em: https://www.stj.jus.br/sites/portalp/Paginas/Comunicacao/Noticias/2022/23112022-Homologacao-da-partilha-em-arrolamento-sumario-dispensa-previo-recolhimento-do-ITCMD.aspx. Acesso em: 20 maio 2024.

Tal decisão certamente tem o condão de acelerar o encerramento de demandas dessa natureza, já que não haverá qualquer apreciação em âmbito judicial no que tange ao pagamento do imposto. Por outro lado, permanece a obrigação tributária, que se dará, a princípio, totalmente pela via administrativa.

Se por um lado há a promoção da celeridade processual pela desnecessidade de apreciação de questões tributárias, por outro a Fazenda Pública deverá buscar o crédito tributário por seus próprios meios quando da omissão do contribuinte.

No mesmo sentido tem se posicionado a jurisprudência no que tange à imposição do recolhimento de ITCMD como condição para homologação da partilha no caso de arrolamento comum. Tal entendimento pode ser confirmado, por exemplo, por meio das seguintes decisões: 5621714-28.2022.8.09.0051 (TJ-GO), 0029169-77.2011.8.07.0001 (TJ-DF) e 1014197-71.2021.8.26.0562 (TJ-SP).

Como colocado anteriormente, o alvará previsto na Lei nº 6.858/80 não se insere como espécie de procedimento de inventário dentre as demais hipóteses abordadas. No entanto, a sua abordagem se impõe como meio de entender a formalização da transmissão de bens e direitos no ordenamento jurídico brasileiro.

O artigo 1º da norma direciona sua utilização.

> Art. 1º. Os valores devidos pelos empregadores aos empregados e os montantes das contas individuais do Fundo de Garantia do Tempo de Serviço e do Fundo de Participação PIS-PASEP, não recebidos em vida pelos respectivos titulares, serão pagos, em quotas iguais, aos dependentes habilitados perante a Previdência Social ou na forma da legislação específica dos

> servidores civis e militares, e, na sua falta, aos sucessores previstos na lei civil, indicados em alvará judicial, independentemente de inventário ou arrolamento.

Ao final do dispositivo, a lei traz a desnecessidade de inventário ou arrolamento, o que é compatível com o artigo 666 do Código de Processo Civil.[135] [136]

A Lei nº 6.858/80 é utilizada para formalizar a transmissão de bens móveis, desde que sujeita ao limite previsto no artigo 2º, sendo restrita às verbas que dela constam.

> Art. 2º. O disposto nesta Lei se aplica às restituições relativas ao imposto de renda e outros tributos, recolhidos por pessoa física, e, não existindo outros bens sujeitos a inventário, aos saldos bancários e de contas de cadernetas de poupança e fundos de investimento de valor até 500 (quinhentas) Obrigações Reajustáveis do Tesouro Nacional.
>
> Parágrafo único. Na hipótese de inexistirem dependentes ou sucessores do titular, os valores referidos neste artigo reverterão em favor do Fundo de Previdência e Assistência Social.

Trata-se de norma que, que em suma, auxilia no levantamento de bens móveis de baixo valor de uma forma

---

135. BARROSO, Darlan; LETTIERE, Juliana F. *Prática no processo civil*. Disponível em: https://app.minhabiblioteca.com.br/#/books/9788553611935/. Acesso em: 14 nov. 2023.

136. Código de Processo Civil. Art. 666. Independerá de inventário ou de arrolamento o pagamento dos valores previstos na Lei nº 6.858, de 24 de novembro de 1980.

geral, além das verbas específicas citadas diretamente pelos dispositivos acima reproduzidos.

Pode haver pretensão no sentido de reconhecer que a pessoa falecida não deixou herança, o que é conhecido como inventário negativo. Em que pese a ausência de procedimento específico para tal apuração, a possibilidade de realização de inventário negativo se impõe pela adequação da tutela, diante, por exemplo, da previsão constante do artigo 1.523, I, do Código Civil.[137]

> Art. 1.523. Não devem casar:
>
> I - o viúvo ou a viúva que tiver filho do cônjuge falecido, enquanto não fizer inventário dos bens do casal e der partilha aos herdeiros.

A Resolução nº 35/2007, que disciplina a lavratura dos atos notariais relacionados a inventário, partilha, separação consensual, divórcio consensual e extinção consensual de união estável por via administrativa, autoriza a realização de inventário negativo pela via extrajudicial.

Além da possibilidade extrajudicial, é possível o inventário negativo pela via judicial, por meio da jurisdição voluntária.[138]

Entendidas as hipóteses processuais por meio das quais pode ser formalizada a transmissão *causa mortis*, passa-se ao estudo da doação, também fato gerador do imposto sobre transmissão *causa mortis* e doação – ITCMD.

---

137. RIBEIRO, Marcelo. *Processo Civil*. Disponível em: https://app.minhabiblioteca.com.br/#/books/9786559646166/. Acesso em: 4 nov. 2023. p. 502.

138. *Ibidem*.

2.2 Doação

A competência para a tributação da doação consta do artigo 155, I, da Constituição Federal, onde é previsto o ITCMD. No entanto, a Carta Magna não traz a definição para doação, sendo seu estudo realizado a partir da conceituação trazida pelo Código Civil, onde é abordada no capítulo X. Seus requisitos constam do artigo 538.

> Art. 538. Considera-se doação o contrato em que uma pessoa, por liberalidade, transfere do seu patrimônio bens ou vantagens para o de outra.

Segundo Maria Helena Diniz,[139] pode-se depreender a partir dos artigos 538, 539 e 1.748 do Código Civil que a doação é um contrato. Ainda conforme a ilustre doutrinadora, quatro são os elementos fundamentais da doação.

2.2.1 Elementos da doação

Conforme a professora Maria Helena Diniz, a doação tem natureza contratual, de forma que a contratualidade é um dos seus elementos, ou seja, pressupõe-se a necessidade de aceitação pelo donatário. Esta também é a posição do professor Sallaberry, expondo que não se pode obrigar qualquer pessoa a aceitar uma doação.[140]

---

139. DINIZ, Maria H. *Curso de direito civil brasileiro*: teoria das obrigações contratuais e extracontratuais. v. 3. Disponível em: https://app.minhabiblioteca.com.br/#/books/9786555598711/. Acesso em: 30 abr. 2023.

140. SALLABERRY, Fernando Moraes. *ITCMD – Imposto sobre Heranças e Doações* – Comentários à legislação paulista, jurisprudência judicial e administrativa, resposta a consultas e súmulas. Volume II. Sorocaba, 2021.

Diniz (2022) classifica o contrato de doação em unilateral (pois coloca que apenas uma das partes se obriga, assumindo a posição de devedor), formal (escritura pública ou contrato particular) e gratuito.

A classificação como formal decorre do artigo 541, que traz a possibilidade de doação verbal desde que incontinenti a tradição.[141]

A essa imposição soma-se o constante do artigo 108, que traz regramento específico para o caso de doação que tenha por objeto bem imóvel.

> Art. 108. Não dispondo a lei em contrário, a escritura pública é essencial à validade dos negócios jurídicos que visem à constituição, transferência, modificação ou renúncia de direitos reais sobre imóveis de valor superior a trinta vezes o maior salário mínimo vigente no País.

Ou seja, a escritura pública se imporá diante de negócios jurídicos envolvendo imóveis cujo valor ultrapasse o limite de trinta salários-mínimos vigente no país. No entanto, há a possibilidade de transmissão por meio de doação no âmbito dos autos do inventário judicial, conforme entendimento jurisprudencial consolidado (REsp 1634954 SP 2016).

Ainda, por tratar-se de contrato, é possível que ocorram doações tanto envolvendo pessoas físicas como jurídicas, o que não apresentará, a princípio, qualquer diferenciação do negócio jurídico sob o aspecto tributário.

---

141. Código Civil. Art. 541. A doação far-se-á por escritura pública ou instrumento particular. Parágrafo único. A doação verbal será válida, se, versando sobre bens móveis e de pequeno valor, se lhe seguir incontinenti a tradição.

Dada a natureza contratual da doação, é necessária a aceitação do donatário, ainda que por meio de seu representante, sendo o artigo 542 exceção, trazendo a hipótese de doação a nascituro.

> Art. 542. A doação feita ao nascituro valerá, sendo aceita pelo seu representante legal.

Outro elemento para que se caracterize a doação é a intenção de transmitir a outra pessoa bens ou direitos, o *animus donandi*. Diniz afirma que "o ato do doar deverá revestir-se de espontaneidade". Diante da inexistência do *animus donandi* não haverá tributação, ainda que existam os demais elementos.

Segundo Diniz (2022), é elemento necessário a transmissão de bens ou de direitos do patrimônio do doador para o donatário ainda que de valor insignificante, pois na doação o donatário enriquecerá à medida em que o doador empobrece.

Diante de sua natureza contratual, é necessário que o donatário aceite, ainda que tal aceitação ocorra tacitamente, de forma que a aceitação do donatário é elemento da doação. O artigo 539 traz a possibilidade de previsão de prazo pelo doador para que o donatário aceite a doação, sendo tácita a aceitação caso silencie diante da ciência do prazo.[142].

Conforme lição de Diniz, não havendo capacidade de fato, sendo a doação um contrato benéfico, é necessário que haja aceitação do seu representante legal.

---

142. DINIZ, Maria H. *Curso de direito civil brasileiro*: teoria das obrigações contratuais e extracontratuais. v. 3. Disponível em: https://app.minhabiblioteca.com.br/#/books/9786555598711/. Acesso em: 30 abr. 2023.

Conforme exposto, mesmo o nascituro poderá receber doação, sendo imposição legal a manifestação de seu representante legal.

Diniz (2022) afirma ser esta uma hipótese de doação sob condição suspensiva, que se aperfeiçoa com o nascmento com vida. Havendo morte logo após o nascimento, conclui-se a doação com a transmissão do direito aos seus sucessores.[143]

Já a hipótese do artigo 543 dispensa aceitação de doação a absolutamente incapaz, desde que se trate de doação pura.

Por sua vez, o artigo 1.748, II, exige do tutor ou curador a aceitação de doação com encargo desde que haja autorização judicial. Diniz aponta contradição da norma constante deste dispositivo com o conteúdo do artigo 543, 542 e a necessidade de assistência quando o donatário é relativamente incapaz.[144]

Já a doação com encargo, também referida como doação modal, impõe a aceitação expressa por parte do donatário,[145] pois é inviável a imposição de encargo a alguém sem que haja ciência.

A aceitação será tácita se o donatário adotar comportamento que implique em concordância, como recolhimento do imposto, registro da escritura ou pagamento do encargo, por exemplo.[146]

---

143. DINIZ, Maria H. *Curso de direito civil brasileiro*: teoria das obrigações contratuais e extracontratuais. v.3. Disponível em: https://app.minhabiblioteca.com.br/#/books/9786555598711/. Acesso em: 30 abr. 2023.

144. *Ibidem.*

145. *Ibidem.*

146. *Ibidem.*

2.2.2 Requisitos da doação

A ilustre professora ainda traz requisitos, que são específicos, peculiares a esta natureza de negócio jurídico, dentre os quais destacam-se os seguintes.

O requisito subjetivo é a capacidade ativa e passiva dos contratantes. Há situações específicas em que a pessoa não poderá doar.

Os absoluta ou relativamente incapazes em regra não podem doar. No caso de tutela, a alienação é vedada ainda que com autorização judicial (artigo 1.749, II, Código Civil). Sendo a hipótese de menor sob o poder familiar, os pais são meros administradores, sendo igualmente vedada a alienação (artigo 1.689, Código Civil).

No caso de sociedade conjugal, conforme entendimento de Diniz, é necessária autorização do cônjuge, exceto no regime de separação absoluta. A regra comporta exceções, dentre as quais estão doações de pequeno valor e aos filhos em razão de casamento (artigo 1.647, parágrafo único, Código Civil).

É vedado ao cônjuge adúltero doar ao cúmplice, sob pena de nulidade, que deverá ser arguida pelo consorte ou herdeiros necessários no prazo de dois anos da dissolução da sociedade conjugal (artigo 550).

A doação entre cônjuges, sendo aplicável o regime da comunhão universal de bens, é nula por impossibilidade do objeto (REsp nº 1.787.027, RS 2016). Se distinto for o regime e não houver disposição contrária em pacto antenupcial, poderá ocorrer, importando em adiantamento de herança (artigo 544, Código Civil).

As doações de ascendentes a descendentes também são consideradas adiantamento de legítima, conforme o artigo 544 do Código Civil, devendo ocorrer a colação no momento do inventário, caso não conste expressamente a dispensa do instrumento de colação (artigo 2.002, Código Civil).

Tais doações se limitam à parte disponível da herança, respeitando a legítima (artigos 1.789, 1.847 e 2.004, Código Civil), que corresponde à metade do patrimônio aferido no momento da doação.

Em relação à capacidade passiva, de receber doações, Diniz leciona que não há restrições para o recebimento de doações puras, devido ao carácter benéfico do negócio jurídico. Destaca, no entanto, a necessidade de intervenção dos representantes legais nos casos de doação a nascituro ou pessoas jurídicas.[147]

O requisito objetivo se refere àquilo que será objeto da doação:

> [...] para ter validade a doação precisará ter por objeto coisa que esteja *in commercio*: bens móveis, imóveis, corpóreos ou incorpóreos, presentes ou futuros, direitos reais, vantagens patrimoniais de qualquer espécie.[148]

Ressalva, no entanto, a possibilidade de doação de órgãos humanos para fins científicos e terapêuticos.

Afirma que a licitude, a possibilidade e a determinabilidade do objeto são imprescindíveis ao contrato de doação, dentre os quais destacam-se os seguintes.

A doação não poderá ser universal, de forma a proteger a dignidade do doador. É lícita, no entanto, a doação

---

147. DINIZ, Maria H. *Curso de direito civil brasileiro*: teoria das obrigações contratuais e extracontratuais. v. 3. Disponível em: https://app.minhabiblioteca.com.br/#/books/9786555598711/. Acesso em: 30 abr. 2023.

148. *Ibidem*.

total realizada com reserva de usufruto, que garante ao usufrutuário meios de subsistência.[149]

Igualmente é vedada a doação que torna insolvente o doador (REsp 1163114 MG 2009). No entanto, é possível no caso de os credores aceitarem a assunção do encargo por parte do donatário.[150]

A doação inoficiosa, aquela que extrapola o que pode ser doado pelo doador diante da existência de herdeiros necessários, é nula no que excede à legítima, verificada a inoficiosidade quando da realização da liberalidade (artigos 549 e 1.789, Código Civil).

A doação realizada ao cônjuge adúltero, conforme exposto anteriormente, poderá ser anulada pelo consorte ou pelos herdeiros do doador, no prazo de 2 (dois) anos da dissolução do casamento (artigo 550, Código Civil).

O artigo 552 do Código Civil preconiza que o doador, sendo pura a doação, não será obrigado a pagar juros moratórios nem responderá por evicção ou vício redibitório, o que é possível na doação remuneratória, conforme artigo 442, também do Código Civil.

Por sua vez, o artigo 547 traz a possibilidade da cláusula de reversão, que terá como consequência o retorno do objeto doado ao patrimônio do doador em caso de morte do donatário.

Finalmente há o requisito formal, pois trata-se a doação de contrato solene, conforme previsão do artigo 541.[151] O dispositivo traz as possibilidades de doação por

---

149. *Ibidem*.

150. DINIZ, Maria H. *Curso de direito civil brasileiro*: teoria das obrigações contratuais e extracontratuais. v. 3. Disponível em: https://app.minhabiblioteca.com.br/#/books/9786555598711/. Acesso em: 30 abr. 2023.

151. Código Civil. Art. 541. A doação far-se-á por escritura pública ou instrumento particular.

meio de escritura pública ou contrato particular, admitindo a doação verbal a título de exceção.

As doações podem trazer conteúdo diferente entre si, permitindo que sejam classificadas em espécies. Passa-se a uma breve abordagem das espécies de doação que são possíveis no ordenamento jurídico brasileiro.

A doação pura e simples é aquela em que não há qualquer condição ou exigência pelo doador. Aqui se inclui a doação meritória, realizada tendo por base o merecimento do donatário.[152]

A doação onerosa, também conhecida por modal ou com encargo, é aquela em que o doador impõe condição que pode resultar em benefício próprio, de terceiro ou de interesse geral (artigo 553, *caput*, Código Civil).

Doação remuneratória, por sua vez, é aquela em que a real intenção do doador é remunerar o donatário por algum serviço que ele tenha prestado.

Tanto a doação por merecimento como a onerosa não perdem seu caráter de liberalidade, esta última na medida em que excede o encargo, conforme artigo 540. Tal norma se mostrará importante posteriormente, especialmente no momento da análise da incidência tributária sobre tal tipo de negócio jurídico.

A doação condicional é aquela que depende de acontecimento incerto e futuro, ou seja, condição suspensiva do contrato de doação. O artigo 546 traz um exemplo, a doação subordinada à realização de casamento.

> Art. 546. A doação feita em contemplação de casamento futuro com certa e de-

---

Parágrafo único. A doação verbal será válida, se, versando sobre bens móveis e de pequeno valor, se lhe seguir incontinenti a tradição.

152. DINIZ, Maria H. *Curso de direito civil brasileiro*: teoria das obrigações contratuais e extracontratuais. v. 3. Acesso em: 30 abr. 2023.

> terminada pessoa, quer pelos nubentes entre si, quer por terceiro a um deles, a ambos, ou aos filhos que, de futuro, houverem um do outro, não pode ser impugnada por falta de aceitação, e só ficará sem efeito se o casamento não se realizar.

É possível a doação a termo, podendo ser inicial ou final.

Doação a termo, se tiver termo final ou inicial; p. ex.: doação de imóvel a duas pessoas, dando a uma delas o direito de usá-lo durante dez anos e à outra a partir dessa época.[153]

A transmissão gratuita ocorrida por meio de falecimento de pessoa natural ou por contrato de doação obedece a formalidades que podem variar de acordo com o caso concreto. Por uma via, pode-se considerar inventário judicial ou extrajudicial; por outra, pode-se considerar a necessidade de formalização da doação a depender do objeto doado.

A compreensão das vias processuais e formais pelas quais podem ocorrer é vital para o entendimento da tributação pelo ITCMD pelo simples fato de que não ocorrida a transmissão gratuita *causa mortis* ou *inter vivos*, fatalmente não se pode cogitar a ocorrência do fato gerador.

Passa-se ao estudo da espécie tributária em si, a partir de cada peculiaridade que permita a sua compreensão.

153. DINIZ, Maria H. *Curso de direito civil brasileiro*: teoria das obrigações contratuais e extracontratuais. v. 3. Acesso em: 30 abr. 2023.

3. Tributação da Transmissão Gratuita no Ordenamento Jurídico Brasileiro

A tributação gratuita no ordenamento jurídico brasileiro ocorre por meio do imposto sobre transmissão *causa mortis* e doação – ITCMD. Trata-se de espécie tributária relativamente nova no ordenamento jurídico brasileiro, tendo seu formato constante apenas da Constituição de 1988.

Como comumente feito pelas nações que optam por tributar a herança, há conjuntamente a tributação da doação, para que não haja o total esvaziamento do fato gerador por meio da forma mais simples de planejamento patrimonial e sucessório: a doação.[154]

Entendidos os meios pelos quais se efetivam a transmissão intergeracional de riquezas no ordenamento jurídico brasileiro, passa-se ao estudo desta espécie tributária

154. VALENTIN, Jefferson. *Holding*: estudo da evasão fiscal do ITCMD no planejamento sucessório. São Paulo: Letras Jurídicas, 2021.

de forma ampla, sendo possível o seu entendimento a partir da realidade de qualquer estado da federação.

A tributação da transmissão gratuita de riqueza não é exclusiva da sociedade brasileira, remontando ao Egito, especificamente ao reinado de Psamético.[155] No Brasil, o ITCMD, nos moldes como existe hoje, surge com a Constituição de 1988.

A transmissão gratuita pode ocorrer *causa mortis* ou por meio de doação. Ambas as hipóteses estão sujeitas ao ITCMD – imposto sobre transmissão *causa mortis* e doação, previsto no artigo 155, I, da Constituição Federal, sendo imposto e competência dos estados e do Distrito Federal.

> Art. 155. Compete aos Estados e ao Distrito Federal instituir impostos sobre:
>
> I - transmissão *causa mortis* e doação, de quaisquer bens ou direitos;

Trata-se, portanto, de espécie tributária que incide a partir de duas hipóteses: a ocorrência da morte ou a doação de bens ou direitos, ambas devidamente apresentadas no capítulo anterior.

Mas qual seria a natureza dessa tributação no ordenamento jurídico brasileiro?

Há no Código Tributário Nacional o conceito de tributo.

> Art. 3º. Tributo é toda prestação pecuniária compulsória, em moeda ou cujo valor nela se possa exprimir, que não constitua sanção de ato ilícito, instituída em lei e

155. VALENTIN, Jefferson. *Holding*: estudo da evasão fiscal do ITCMD no planejamento sucessório. São Paulo: Letras Jurídicas, 2021.

> cobrada mediante atividade administrativa plenamente vinculada.

Trata-se uma definição por exclusão, pois define o tributo a partir de uma obrigação do cidadão de pagar o Estado sem que tenha vontade de fazê-lo, ou seja, por indenização ou sanção.[156]

Do debate a respeito das diferentes formas de se classificar os tributos, passa-se a uma breve exposição da classificação citada na doutrina como pentapartite, que se apresenta como majoritária entre os doutrinadores em Direito Tributário.

O artigo 16 traz a definição da espécie imposto.

> Art. 16. Imposto é o tributo cuja obrigação tem por fato gerador uma situação independente de qualquer atividade estatal específica, relativa ao contribuinte.

Como a própria norma traz, no caso do imposto, o contribuinte será obrigado a realizar o pagamento sem que haja qualquer atividade específica do Estado em relação a ele. A partir de uma hipótese de incidência surge para o cidadão uma obrigação de pagar.

Tal hipótese traz uma situação ou fato relacionado ao contribuinte. São exemplos auferir renda (IRPF), prestar serviço (ISS) ou receber doação (ITCMD), dentre outros. A base de cálculo deve corresponder à dimensão econômica do fato eleito pela lei como hipótese de incidência.

156. SEGUNDO, Hugo de Brito Machado. *Manual de Direito Tributário*. 12 ed. Barueri: Grupo GEN, 2022.

Vale lembrar, a propósito, que a base de cálculo de um tributo, por um dever de coerência, deve corresponder, sempre, ao seu fato gerador economicamente dimensionado.

> [...]
>
> Assim, se o imposto tem por fato gerador a propriedade imobiliária, sua base de cálculo não pode ser nada diverso do valor do imóvel a ser tributado. O mesmo pode ser dito do imposto incidente sobre a renda, que tem o montante dessa renda como base de cálculo.[157]

As taxas constam do artigo 77 do Código Tributário Nacional e têm como fato gerador o exercício regular do poder de polícia, ou a utilização, efetiva ou potencial, de serviço público específico e divisível, prestado ao contribuinte ou posto à sua disposição.

Diferentemente dos impostos, o fato gerador da obrigação tributária no caso da taxa é uma atividade do Estado, seja ela o exercício do poder de polícia, seja a utilização efetiva ou potencial de serviço público específico e divisível.

Em que pese o artigo 145, § 2º, ao afirmar que as taxas não poderão ter base de cálculo própria de imposto, pela própria natureza das espécies, já se pode depreender tal impedimento. Justamente porque enquanto os impostos terão como hipótese de incidência um fato ligado ao contribuinte, no caso das taxas o fato gerador surge de uma atividade praticada pelo Estado, ainda que tenha o cidadão como destinatário efetivo ou potencial.

---

157. SEGUNDO, Hugo de Brito Machado. *Manual de Direito Tributário*. 12 ed. Barueri: Grupo GEN, 2022.

Outra espécie é a contribuição de melhoria, que consta do artigo 81 do Código Tributário Nacional.

> Art. 81. A contribuição de melhoria cobrada pela União, pelos Estados, pelo Distrito Federal ou pelos Municípios, no âmbito de suas respectivas atribuições, é instituída para fazer face ao custo de obras públicas de que decorra valorização imobiliária, tendo como limite total a despesa realizada e como limite individual o acréscimo de valor que da obra resultar para cada imóvel beneficiado.

Tal espécie encontra-se entre o imposto e a taxa, pois está ligada a uma atividade estatal, mas tem por base uma manifestação patrimonial por parte do cidadão.[158]

As três espécies tributárias abordadas até então compõem o que se conhece como classificação tripartite, que tem por base o Código Tributário Nacional. Como dito, nesta oportunidade explica-se a classificação pentapartite, que tem por base tanto o Código Tributário Nacional como a Constituição Federal.

Nessa lógica, há como espécie o empréstimo compulsório, previsto no artigo 148 da Carta Magna. Trazem como marca própria a exclusividade da União para sua instituição e a obrigatoriedade de devolução posterior do montante arrecadado. Suas causas são limitadas pela Constituição, podendo ser guerra ou sua iminência, calamidade pública ou investimento público de caráter relevante.

---

158. SEGUNDO, Hugo de Brito Machado. *Manual de Direito Tributário*. 12 ed. Barueri: Grupo GEN, 2022.

Finalmente há as contribuições especiais que, conforme a Constituição, podem ser sociais (seguridade social e outras contribuições), de intervenção no domínio econômico, de interesse de categorias profissionais ou econômicas e de custeio da iluminação pública.

Conforme leciona Machado, deve haver referibilidade na instituição, sendo realizada a cobrança do mesmo grupo que será pela contribuição beneficiado, ainda que não seja específica e quantificável como ocorre com a taxa.

Exemplo é a contribuição que os advogados realizam à OAB, que dentre suas atribuições fiscaliza e presta apoio à categoria profissional dos advogados.

Sabe-se que o nome que o legislador confere ao tributo não tem o condão de definir sua natureza, que será extraída a partir de suas características. Por isso é plenamente possível que, por exemplo, uma espécie tributária que tenha como nome taxa sobre o arroz, tendo por base uma atividade específica do contribuinte – venda de mercadoria – sem qualquer contrapartida do Estado, seja claramente identificada como imposto.[159]

Nesse contexto, passa-se a entender a natureza da tributação da transmissão gratuita ocorrida no ordenamento jurídico brasileiro, a partir da espécie tributária imposto sobre transmissão *causa mortis* e doação.

Por ser o Código Tributário Nacional anterior à Constituição Federal, não há menção específica ao ITCMD em sua redação. No entanto, a partir da própria Constituição, em seu artigo 155, I, pode-se depreender facilmente a sua espécie a partir da sua descrição:

> Art. 155. Compete aos Estados e ao Distrito Federal instituir impostos sobre:

---

159. SEGUNDO, Hugo de Brito Machado. *Manual de Direito Tributário*. 12 ed. Barueri: Grupo GEN, 2022.

> I - transmissão *causa mortis* e doação, de quaisquer bens ou direitos;

Trata-se de obrigação de pagar que surge para o cidadão a partir de fato a ele ligado, podendo ser economicamente mensurável, não havendo obrigação do Estado de prestar qualquer atividade específica ao contribuinte, sendo descrita pela própria Constituição como imposto.

Ou seja, o ITCMD é um imposto à luz da classificação pentapartite, que tem por base a Constituição Federal e o Código Tributário Nacional. Entendido tal aspecto, passa-se à análise das modalidades de lançamento aplicáveis ao ITCMD, que permitirão um melhor entendimento do funcionamento do imposto.

3.1 Modalidade de lançamento do ITCMD

O Código Tributário Nacional aborda as modalidades de lançamento no Título III – Crédito Tributário, Capítulo II – Constituição do Crédito Tributário. São três as formas de lançamento: de ofício, por declaração ou por homologação. Passa-se à abordagem de cada uma delas.

O lançamento de ofício é previsto no artigo 149 do Código Tributário Nacional. Nessa hipótese a autoridade tributária realiza o lançamento do imposto independentemente de qualquer ação do contribuinte. É o caso do Imposto sobre Propriedade Territorial Urbana – IPTU.[160]

Tal modalidade de lançamento pode ocorrer de forma ordinária, sem que tenha ocorrido omissão ou prestação de informações de maneira incorreta por parte do

---

160. SEGUNDO, Hugo de Brito Machado. *Manual de Direito Tributário*. 12 ed. Barueri: Grupo GEN, 2022.

contribuinte. É exatamente o que ocorre com o IPTU. A autoridade fazendária realiza o lançamento do imposto com os dados que possui a respeito do fato gerador.

No entanto, quando o imposto é constituído por meio das demais modalidades e ocorre omissão ou erro por parte do contribuinte, o lançamento de ofício pode ser utilizado pela autoridade fiscal para sanar a falha ou omissão do cidadão, conforme artigo 148 do Código Tributário Nacional.

> Art. 148. Quando o cálculo do tributo tenha por base, ou tome em consideração, o valor ou o preço de bens, direitos, serviços ou atos jurídicos, a autoridade lançadora, mediante processo regular, arbitrará aquele valor ou preço, sempre que sejam omissos ou não mereçam fé as declarações ou os esclarecimentos prestados, ou os documentos expedidos pelo sujeito passivo ou pelo terceiro legalmente obrigado, ressalvada, em caso de contestação, avaliação contraditória, administrativa ou judicial.

O lançamento por declaração está previsto no artigo 147, sendo aquele em que a autoridade fazendária realiza o lançamento do imposto a partir da prestação de informações pelo contribuinte.

A diferença entre esta modalidade e o lançamento por homologação é o momento em que o imposto deve ser pago. Enquanto nesta o imposto é pago pelo contribuinte ao final da declaração, naquela o imposto é devido após o lançamento pela autoridade a partir dos dados fornecidos pelo cidadão, ocorrendo, na sequência, o pagamento.

No lançamento por homologação, todos os atos preparatórios são realizados pelo próprio contribuinte, inclusive o pagamento, restando à autoridade fiscal a homologação do imposto, conforme depreende-se do constante do artigo 150, *caput*, do CTN.

> Art. 150. O lançamento por homologação, que ocorre quanto aos tributos cuja legislação atribua ao sujeito passivo o dever de antecipar o pagamento sem prévio exame da autoridade administrativa, opera-se pelo ato em que a referida autoridade, tomando conhecimento da atividade assim exercida pelo obrigado, expressamente a homologa.

A autoridade fiscal terá cinco anos contados da ocorrência do fato gerador para realizar a homologação, caso não seja previsto período inferior pela lei (artigo 150, § 4°, CTN).

No caso do ITCMD, a forma de lançamento poderá variar de acordo com o ente competente, não sendo sua definição tão simples na prática. Para fins de celeridade do processo de análise, com base em cruzamento de dados e sistemas informatizados, alguns entes federativos permitem o pagamento de forma imediata ao preenchimento das informações relativas ao fato gerador. É o caso de Rio de Janeiro e São Paulo.

Diante desses critérios obviamente sigilosos, ocorrendo sua análise e aprovação pelo sistema, qual seria a modalidade de lançamento? A triagem feita pelo sistema, eventualmente em décimos de segundo, a partir dos dados fornecidos, faz com que se trate de lançamento por declaração? Ou estaria o sistema apenas permitindo ao contribuinte o lançamento por homologação e selecionando para lançamento por declaração determinados fatos geradores, com base nos critérios constantes do sistema? Ou em qualquer caso se trata de lançamento por homologação, que seria necessariamente um ato formal de autoridade competente?

No âmbito do estado de São Paulo, há norma que permite expressamente essa homologação automática a partir dos dados fornecidos pelo contribuinte ou seu representante (Portaria CAT-15, de 6 de fevereiro de 2003):

> Artigo 9º-A. A Diretoria de Arrecadação, Cobrança e Recuperação de Dívida – DICAR poderá implementar rotina de homologação automática das Declarações de ITCMD, bem como de deferimento automático de pedidos de parcelamento.

No estado de Minas Gerais, há previsão em decreto para emissão de certidão de pagamento ou desoneração em caso de espera superior a 90 (noventa) dias para avaliação (Decreto nº 48.519, de 3 de outubro de 2022):

> Art. 1º. Relativamente ao Imposto sobre Transmissão *Causa Mortis* e Doação de Quaisquer Bens ou Direitos – ITCD devido em razão dos bens e direitos transmitidos constantes de Declaração de Bens e Direitos – DBD a que se refere o art. 17 da Lei nº 14.941, de 29 de dezembro de 2003, que estiverem pendentes de avaliação pela Secretaria de Estado de Fazenda – SEF, por prazo superior a noventa dias, contados da data da entrega da respectiva DBD, por meio do Sistema Integrado de Administração da Receita Estadual –

> SIARE, disponibilizado no sítio da SEF na *internet*, observar-se-á o seguinte [...].

O Tribunal de Justiça do Estado de Minas Gerais já se posicionou no sentido de que o lançamento do ITCMD naquele estado ocorre por declaração (5111717-85.2021.8.13.0024).

Em suma, como colocado anteriormente, a definição da modalidade de lançamento pode ser bastante sutil. No entanto, parece ser o entendimento mais adequado que qualquer trabalho em prol da Administração Tributária, ainda que automatizado, seja considerado atividade de lançamento, pois, ainda que por meios informatizados, houve trato da declaração fornecida, com posterior possibilidade de pagamento.

Parece ser este o entendimento que orientou o legislador carioca quando da leitura da Lei nº 7.174/15, artigo 28, *caput*:

> Art. 28. O ITD é tributo lançado pela autoridade fiscal com base na declaração do sujeito passivo e na avaliação judicial ou administrativa dos bens e direitos transmitidos.

Além da própria norma apontar para modalidade de lançamento de forma literal, o artigo 30 da mesma lei traz o prazo de pagamento a partir da ciência do lançamento como regra, confirmando a modalidade a que se refere o artigo 28.

A definição da modalidade é importante para fins de contagem do prazo decadencial, já que no caso do lançamento por homologação o artigo 150 do Código Tributário

Nacional define como termo inicial a ocorrência do fato gerador.

Uma característica importante no contexto da exação tributária é a exigibilidade do imposto, que diz respeito à possibilidade de o Estado vir a realizar sua cobrança, que será estudada no tópico seguinte.

3.2 Exigibilidade do imposto

A exigibilidade é uma das características do crédito tributário:

Devidamente constituído pelo lançamento, o crédito deve ser pago, sob pena de o sujeito passivo sofrer os efeitos da mora, perdendo o direito à obtenção de "certidões negativas" junto à repartição fazendária correspondente, submetendo-se à execução fiscal etc.[161]

No caso do ITCMD, a exigibilidade do tributo deverá ser analisada tendo por base tanto a natureza do fato gerador – *causa mortis* ou doação – como a via procedimental pela qual se efetiva ou se formaliza – judicial ou extrajudicial –, assim como a legislação do estado de competência para a cobrança do imposto.

A exigibilidade do imposto, em regra, é acompanhada pela incidência de encargos, por isso é importante a atenção ao momento de sua ocorrência, para que sejam evitados encargos tributários desnecessários.

Nesse contexto, no caso concreto é possível que o contribuinte se depare com a obrigação de pagar imposto perante mais de um ente federativo, situação em que deverá se atentar aos diferentes casos. Tal fato ocorre, por

161. SEGUNDO, Hugo de Brito Machado. *Manual de Direito Tributário*. 12 ed. Barueri: Grupo GEN, 2022, p.197.

exemplo, diante de um óbito em que há imóveis localizados em diferentes estados da federação.

No caso da doação, pode-se dividir a forma como a legislação prevê os prazos para pagamento em doação judicial e doação extrajudicial. Em regra, o imposto incidente sobre a doação extrajudicial deve ser recolhido antes da prática do negócio jurídico, enquanto aquele incidente sobre a doação judicial trará um prazo vinculado à partilha ou ao trânsito em julgado do processo judicial em que ocorre. Este é o caso da legislação do estado de Minas Gerais (Lei nº 14.941, de 29 de dezembro de 2003).

> Art. 13. O imposto será pago:
>
> III - na dissolução da sociedade conjugal, sobre o valor que exceder à meação, transmitido de forma gratuita, no prazo de trinta dias contados da data em que transitar em julgado a sentença;
>
> IV - na partilha de bens, na dissolução de comunhão estável, sobre o valor que exceder à meação, transmitido de forma gratuita, no prazo de até quinze dias contados da data da assinatura do instrumento próprio ou do trânsito em julgado da sentença, ou antes da lavratura da escritura pública;
>
> V - na doação de bem, título ou crédito que se formalizar por escritura pública, antes de sua lavratura;
>
> VI - na doação de bem, título ou crédito que se formalizar por escrito particular, no prazo de até quinze dias contados da data da assinatura;

Nesse mesmo sentido é a legislação do estado do Paraná (Lei nº 18.573, de 2 de outubro de 2015).

> Art. 17. O pagamento do imposto, nas transmissões por ato "*inter vivos*", realizar-se-á (art. 24 da Lei n. 18.573/2015):
>
> I - nas transmissões por escritura pública, ou procuração em causa própria, antes da lavratura do respectivo instrumento;
>
> II - nas transmissões por instrumento particular, dentro de trinta dias de sua lavratura;
>
> III - nas alterações contratuais de pessoa jurídica, antes do respectivo registro do instrumento no Registro Público de Empresas Mercantis ou no Cartório de Títulos e Documentos;
>
> [...]
>
> VII - nas transmissões não documentadas, no momento da tradição;

Nesse ponto, é importante ressaltar uma aparente incompatibilidade com o entendimento do Superior Tribunal de Justiça a respeito do termo inicial da decadência e definição do momento de ocorrência do fato gerador no caso da doação de bem imóvel.

Por meio do julgamento do tema 1.048, restou definido que o fato gerador ocorre com o registro do título aquisitivo no competente Registro de Imóveis, no caso da doação. No entanto, as legislações sobre ITCMD trazem como momento de ocorrência do fato gerador e, consequentemente, a esse momento relacionam o prazo para pagamento do imposto, a lavratura da escritura pública de doação.

Em suma, conforme legislações dos estados, o fato gerador ocorre em momento diferente do definido pela jurisprudência do STJ, fazendo com que, no momento do registro do título aquisitivo, termo inicial para contagem do prazo decadencial, o imposto a ser pago potencialmente será acompanhado por significativos encargos tributários.

No que se refere à exigibilidade do imposto *causa mortis*, não se trata de temática menos turbulenta. Há estados que vinculam o termo inicial para pagamento do imposto na morte, independentemente da via processual, enquanto outros optam por fracionar a depender da via eleita.

Como exemplo de estados que vinculam à abertura da sucessão o termo de contagem do prazo para pagamento do imposto, há São Paulo[162] e Minas Gerais,[163] estados em que há prazo máximo de pagamento de 180 (cento e oitenta) dias, independentemente da via processual.

Já no caso do Rio Grande do Sul, o imposto deve ser pago antes da lavratura da escritura pública ou em 30 (trinta) dias da data em que transitar em julgado a sentença que homologa a partilha.[164]

---

162. Lei nº 10.705/00.
Artigo 17. Na transmissão *"causa mortis"*, o imposto será pago até o prazo de 30 (trinta) dias após a decisão homologatória do cálculo ou do despacho que determinar seu pagamento, observado o disposto no artigo 15 desta lei.
§ 1º O prazo de recolhimento do imposto não poderá ser superior a 180 (cento e oitenta) dias da abertura da sucessão, sob pena de sujeitar-se o débito à taxa de juros prevista no artigo 20, acrescido das penalidades cabíveis, ressalvado, por motivo justo, o caso de dilação desse prazo pela autoridade judicial.

163. Lei nº 14.941/03.
Art. 13. O imposto será pago:
I - na transmissão *causa mortis*, no prazo de cento e oitenta dias contados da data da abertura da sucessão.

164. Decreto nº 33.156/1989.
Art. 30. O imposto será pago:
I - na transmissão de bens, títulos ou créditos decorrentes de sucessão legítima ou testamentária, no prazo de 30 dias, contado da data em que transitar

No caso do Rio de Janeiro, há um prazo para a hipótese extrajudicial (90 dias do óbito) e outro para a via judicial (60 dias da decisão homologatória do cálculo ou da sentença, a depender do rito).[165]

Em suma, especialmente no caso dos prazos aplicáveis à via judicial, o cenário mostra-se bastante desafiador para os profissionais atuantes na área, diante de parâmetros consideravelmente divergentes entre os estados da federação.

3.3 Norma geral sobre conflitos de competência

Sendo o ITCMD de competência dos estados e do Distrito Federal, portanto no âmbito da competência de

---

em julgado a sentença homologatória do cálculo;
II - na transmissão de bens, títulos ou créditos decorrente de inventário pela forma de arrolamento, se a partilha se formalizar:
a) por escritura pública, antes de sua lavratura;
b) por termo nos autos, no prazo de 30 dias, contado de sua lavratura e antes da respectiva homologação ou julgamento;
c) por escrito particular, no prazo de 30 dias, contado da data de sua assinatura e antes da respectiva homologação;

165. Art. 27. O sujeito passivo deverá prestar ao Fisco declaração relativa à ocorrência do fato gerador do ITD e aos bens e direitos transmitidos, contendo todas as informações indispensáveis à efetivação do lançamento, conforme previsto na legislação.
§ 4º O sujeito passivo deverá prestar a declaração:
I - no prazo máximo de 60 (sessenta) dias contados da intimação:
a) da decisão homologatória do cálculo, na transmissão *causa mortis* que se processe sob o rito de inventário;
b) da sentença homologatória, quando o inventário se processar sob a forma de arrolamento; ou
c) da sentença de partilha judicial de bens, em especial nos casos de dissolução conjugal, alteração do regime de bens ou extinção de condomínio.
II - no prazo máximo de 90 (noventa) dias contados da data:
a) do óbito, nas sucessões processadas de forma extrajudicial, ou, no caso de substituição da via judicial pela extrajudicial, da publicação da sentença que extinguir o processo sem julgamento de mérito, nos termos do § 5º, do artigo 37 desta lei;

vinte e sete entes federativos, expõe-se a necessidade de uma norma que verse sobre conflitos de competência.

O artigo 146, I, da Constituição Federal, traz a previsão de lei complementar a respeito de conflito de competência entre os entes federativos em matéria tributária. A norma existe, trata-se da Lei nº 5.172, de 25 de outubro de 1966 – Código Tributário Nacional. Em que pese ter sido tramitada e publicada como lei ordinária, foi recepcionada como lei complementar, conforme jurisprudência e doutrina.[166]

A sua publicação remonta ao ano de 1966, enquanto o ITCMD existe no ordenamento jurídico brasileiro desde 1988. Tal situação traz uma grave deficiência para o conjunto das normas tributárias no âmbito do ITCMD, como expõe Valentim:

Um dos maiores problemas do ITCMD é que a Lei Complementar reclamada pela Constituição nunca foi promulgada, o que sempre fez com que cada um dos Estados buscasse exercer sua competência legislativa plena, nos termos do

> § 3º do artigo 24 da Constituição Federal, gerando dúvidas, conflitos de competência e falta de segurança jurídica, além de ineficiência na tributação, pois, havendo dúvidas quanto à legalidade da cobrança em determinadas situações, diversos estados preferem não verter esforços nesse sentido.[167]

---

166. PAULSEN, Leandro; MELO, José Eduardo Soares de. *Impostos federais, estaduais e municipais*. Disponível em: https://app.minhabiblioteca.com.br/#/books/9786553620001/. Acesso em: 14 jun. 2023.

167. VALENTIN, Jefferson. *Holding*: estudo da evasão fiscal do ITCMD no planejamento sucessório. São Paulo: Letras Jurídicas, 2021. p. 34.

Como se depreende da leitura acima, o autor defende a possibilidade de exercício de competência supletiva, diante da ausência da norma em âmbito federal, o que, como será exposto adiante, não se alinha com a decisão tomada pelo Supremo Tribunal Federal.

O Código Tributário Nacional, naturalmente, não traz sequer menção à existência de um imposto sobre transmissão *causa mortis* e doação. Há jurisprudência que considera as normas referentes ao ITBI como aplicáveis ao ITCMD, mas, ainda que tal condição fosse unânime, seria uma situação longe do ideal (Ag Reg em AI nº 147490-5 RS).

3.2.1 Tributação de patrimônios com elementos de conexão com o exterior – lacuna recentemente corrigida

Dentre as repercussões da ausência da citada norma, a discussão a respeito da tributação de bens com elementos de conexão com o exterior é provavelmente o tema mais visitado. O Superior Tribunal Federal decidiu pela impossibilidade da tributação diante do risco de tributação por entes federativos diferentes a respeito de um mesmo fato gerador.

> RECURSO EXTRAORDINÁRIO. REPERCUSSÃO GERAL. TRIBUTÁRIO. COMPETÊNCIA SUPLEMENTAR DOS ESTADOS E DO DISTRITO FEDERAL. ARTIGO 146, III, A, CF. NORMAS GERAIS EM MATÉRIA DE LEGISLAÇÃO TRIBUTÁRIA. ARTIGO 155, I, CF. ITCMD. TRANSMISSÃO *CAUSA MORTIS*. DOAÇÃO. ARTIGO 155, § 1º, III, CF. DEFINIÇÃO DE COMPETÊNCIA. ELEMENTO RELEVANTE DE CONEXÃO COM O EXTERIOR. NECESSIDADE DE EDIÇÃO DE LEI COMPLEMENTAR. IMPOSSIBILIDADE DE OS

ESTADOS E O DISTRITO FEDERAL LEGISLAREM SUPLETIVAMENTE NA AUSÊNCIA DE LEI COMPLEMENTAR DEFINIDORA DA COMPETÊNCIA TRIBUTÁRIA DAS UNIDADES FEDERATIVAS.

[...]

5. Prescinde de lei complementar a instituição do imposto sobre transmissão *causa mortis* e doações de bens imóveis – e respectivos direitos –, móveis, títulos e créditos no contexto nacional. Já nas hipóteses em que há um elemento relevante de conexão com o exterior, a Constituição exige lei complementar para se estabelecerem os elementos de conexão e fixar a qual unidade federada caberá o imposto.

6. O art. 4º da Lei paulista nº 10.705/00 deve ser entendido, em particular, como de eficácia contida, pois ele depende de lei complementar para operar seus efeitos. Antes da edição da referida lei complementar, descabe a exigência de ITCMD a que se refere aquele artigo, visto que os estados não dispõem de competência legislativa em matéria tributária para suprir a ausência de lei complementar nacional exigida pelo art. 155, § 1º, inciso III, CF. A lei complementar referida não tem o sentido único de norma geral ou diretriz, mas de diploma necessário à fixação nacional da exata competência dos estados.

Em termos funcionais, expunha-se um problema gravíssimo, a impossibilidade de tributação e patrimônios com elementos de conexão com o exterior. Tendo por óbvia a premissa de que as pessoas que detêm patrimônio no exterior são as que têm mais propriedades, cria-se uma exceção torpe no sistema, beneficiando os mais abastados.

Tal problema fora apenas recentemente corrigido por meio da Emenda Constitucional nº 132, conhecida como Reforma Tributária, que traz regra provisória até que seja regulamentada a questão.

> Art. 16. Até que lei complementar regule o disposto no art. 155, § 1º, III, da Constituição Federal, o imposto incidente nas hipóteses de que trata o referido dispositivo competirá:
>
> I - relativamente a bens imóveis e respectivos direitos, ao Estado da situação do bem, ou ao Distrito Federal;
>
> II - se o doador tiver domicílio ou residência no exterior:
>
> a) ao Estado onde tiver domicílio o donatário ou ao Distrito Federal;
>
> b) se o donatário tiver domicílio ou residir no exterior, ao Estado em que se encontrar o bem ou ao Distrito Federal;
>
> III - relativamente aos bens do de cujus, ainda que situados no exterior, ao Estado onde era domiciliado, ou, se domiciliado ou residente no exterior, onde tiver domicílio o sucessor ou legatário, ou ao Distrito Federal.

O dispositivo tem vigência na data de publicação da citada emenda, portanto, 21 de dezembro de 2023.

Desta forma, ainda que tardiamente, resta corrigida uma grave distorção na tributação sobre transmissões gratuitas no ordenamento jurídico brasileiro. Vale lembrar que ele é aplicável aos fatos geradores ocorridos a partir de sua vigência.

3.2.2 Base de cálculo no ITCMD

A base de cálculo é dimensão fundamental para a quantificação do imposto devido:

> Por base de cálculo, a sua vez, se designa a grandeza econômica sobre a qual o valor devido a título de tributo, quando não é fixado diretamente pela lei, deverá ser, em cada caso, calculado. A base de cálculo consiste, em rigor, na dimensão econômica da situação que configura a hipótese de incidência da norma tributária.[168]

No caso do ITCMD, o tema se reveste de importância ainda maior, dado o fato de estar-se diante de uma base tributável não transacional. Ou seja, não há uma transação entre partes que acordam por um valor transacional, como acontece na incidência do ITBI, onde partes com interesses opostos negociam, fazendo com que, em regra, os valores se aproximem ao praticado no mercado para o bem ou direito em questão.[169]

Esse aspecto traz uma maior insegurança às partes envolvidas, já que o contribuinte tende a querer pagar

---

168. SEGUNDO, Hugo de Brito Machado. *Manual de Direito Tributário.* 12 ed. Barueri: Grupo GEN, 2022. p. 41.

169. SALLABERRY, Fernando Moraes. *ITCMD – Imposto sobre Heranças e Doações* – Comentários à legislação paulista, jurisprudência judicial e administrativa, resposta a consultas e súmulas – Volume II. Sorocaba, 2021.

sobre o menor valor possível, o que certamente vai contra o interesse do Estado. As normas, no que se refere ao ITCMD, têm esse difícil papel de tentar trazer segurança a uma base de cálculo não transacional, declarada, em regra, por uma das partes interessadas da exação tributária.

Nesse contexto, pode-se questionar qual seria a forma mais adequada de definição dos valores de base de cálculo em uma transmissão gratuita sujeita ao ITCMD. Seria um tabelamento pelo Estado? Seria um valor proposto pelo contribuinte?

A definição do valor de mercado do bem ou direito a ser transmitido nem sempre se dá de forma simples. Deixar ao contribuinte tal papel traz, por um lado, insegurança e custos para aquele que quer declarar corretamente – pois, ainda que profissionais sejam contratados para avaliação, não é afastado o direito do Estado de rever as informações trazidas; por outro, o Estado tem capacidade limitada para definir valores individualizados, o que não pode ser corrigido por meio de arbitrariedades.

Como colocado anteriormente, não há uma norma geral que verse sobre bases de cálculo de ITCMD, deixando tal papel aos entes federados quando do exercício de sua competência. Portanto, é natural que diferenças ocorram entre as formas definidas por cada ente tributante no momento do exercício de sua competência constitucional.

Ainda, os bens e direitos que integram a esfera patrimonial de uma pessoa que falece ou realiza uma doação – campo de incidência tributária do ITCMD – podem ser das mais diversas naturezas, não sendo, naturalmente, esperado que uma norma sobre ITCMD traga disposições específicas sobre as bases de todos eles.

Tal situação traz um vácuo normativo ainda não resolvido pelo Congresso Nacional, pois quando da publicação do atual Código Tributário Nacional, não havia tributação de herança nos moldes como hoje ocorre, existindo à época um Imposto de Transmissão de Bens Imóveis – ITBI, cuja incidência ocorria tanto na transmissão onerosa quanto na transmissão gratuita, diferentemente do que ocorre atualmente.

Há no âmbito do Superior Tribunal de Justiça, a respeito dos artigos 35 a 42 do Código Tributário Nacional (SEÇÃO III, Imposto sobre a Transmissão de Bens Imóveis e de Direitos a eles Relativos), decisões de que devem ser aplicadas ao ITCMD.[170]

Especificamente no que tange a imóveis, o entendimento da corte é no sentido de que as normas são aplicáveis ao ITCMD.

> IMPOSTO SOBRE HERANÇA E DOAÇÕES. BASE DE CÁLCULO. SUPOSTA VIOLAÇÃO DO ART. 38 DO CTN. COMPETÊNCIA DE LEI ESTADUAL.
>
> 1. A Constituição Federal atribui aos Estados e ao Distrito Federal competência para instituir imposto sobre transmissão *causa mortis* e doação de quaisquer bens ou direitos art. 155, I, imposto sem função eminentemente fiscal.
>
> 2. A base de cálculo do imposto há, pois, de ser fixada por lei da entidade competente para instituir o tributo.
>
> AgRg no Ag 315439/SP – AGRAVO REGIMENTAL NO AGRAVO DE INSTRUMENTO 2000/0062003-3 – Relator: Ministro CASTRO MEIRA.

---

170. SALLABERRY, Fernando Moraes. *ITCMD – Imposto sobre Heranças e Doações* – Comentários à legislação paulista, jurisprudência judicial e administrativa, resposta a consultas e súmulas – Volume II. Sorocaba, 2021.

Este também é o entendimento do Tribunal de Justiça do Estado de São Paulo.

> Acerca do ITCMD, o artigo 155, inciso I, e § 1°, I, da Constituição Federal, dispõe:
>
> [...]
>
> Na esteira da disciplina constitucional, acerca do aludido imposto, prevê o Código Tributário Nacional:
>
> "Art. 38. A base de cálculo do imposto é o valor venal dos bens ou direitos transmitidos."
>
> No caso do Estado de São Paulo, a matéria é disciplinada pela Lei nº 10.705/2000, a qual, em seus artigos 9º e 13, prescreve:
>
> [...]
>
> Apelação Cível nos autos do processo nº 1019265-50.2016.8.26.0053. 8ª Câmara de Direito Público do Tribunal de Justiça do Estado de São Paulo.

O fato de tal Lei Complementar apontada pela Constituição não existir, mostra-se problemático, pois as normas constantes do Código Tributário Nacional dizem respeito apenas a transmissões de bens imóveis, enquanto o ITCMD tributa bens móveis e imóveis. Esta também é a opinião de Valentin.

O Código Tributário Nacional, que fora recepcionado como lei em matéria tributária, quando se refere ao imposto de transmissão, ancestral do atual ITCMD, obviamente trata apenas de situações que envolvem transmissões de bens imóveis, visto que em 1966, ano de sua promulgação, não havia tributação a título gratuito de bens móveis.[171]

Um dos aspectos fundamentais na exação tributária é a base de cálculo, que é a aferição em termos econômicos do montante sobre o qual incidirá a alíquota. Nas palavras de Machado, "a base de cálculo é o aspecto dimensível do fato gerador de um tributo, podendo-se dizer, por outras palavras, que ela corresponde à hipótese de incidência tributária transformada em cifra".[172]

Schoueri confere especial importância à base de cálculo citando Becker; afirma ter ela importância central na análise da exação tributária.

A importância da base de cálculo foi defendida por Becker, para quem sequer seriam necessários outros elementos para a caracterização do gênero de tributo, já que, em sua opinião, a hipótese de incidência da regra jurídica de tributação teria como núcleo a base de cálculo e como elementos adjetivos, todos os demais elementos que integram sua composição.[173]

Na incidência do ITCMD, a definição da base de cálculo ganha especial contorno por tratar-se de transmissão gratuita. Diferentemente de espécies em que a exação recai sobre uma transação econômica, na transmissão gratuita não há um negócio jurídico que sirva de base de cálculo para a tributação.[174]

---

171. VALENTIN, Jefferson. *Holding*: estudo da evasão fiscal do ITCMD no planejamento sucessório. São Paulo: Letras Jurídicas, 2021. p. 34.

172. SEGUNDO, Hugo de Brito Machado. *Manual de Direito Tributário.* 12 ed. Barueri: Grupo GEN, 2022. p. 41.

173. SCHOUERI, Luís E. *Direito Tributário*. Disponível em: https://app.minhabiblioteca.com.br/#/books/9786555592696/. Acesso em: 18 jan. 2023.

174. SALLABERRY, Fernando Moraes. *ITCMD* – Imposto sobre Heranças e Doações – Comentários à legislação paulista, jurisprudência judicial e administrativa, resposta a consultas e súmulas – Volume II. Sorocaba, 2021.

Diante disso, respondendo ao questionamento colocado anteriormente, as partes interessadas declaram ao órgão fazendário o valor que atribuem ao bem, o que por vezes termina em litígio entre o Estado e os recebedores do patrimônio.

Ou seja, não há um valor definido por partes que transacionam com interesses opostos, o que se apresenta como complicador e aumenta a importância das normas de determinação de base de cálculo. A lição de Sallaberry expõe que:

> Diferentemente dos outros impostos, cujas regras de incidência pressupõem negócios jurídicos onerosos, tais como o atual ITBI (municipal), o ITCMD tem como características contemplar apenas hipóteses de incidência não onerosas.[175]

Para os impostos cujas hipóteses de incidência pressupõem a realização de negócios jurídicos onerosos, a determinação da base de cálculo é razoavelmente simples, pois leva em consideração apenas, ou predominantemente, o valor do negócio jurídico efetivamente realizado. Desta maneira, tais impostos têm no negócio jurídico oneroso realizado a referência de valor para determinação da base de cálculo.

No lugar de uma transação comercial da qual se pode extrair um valor, as partes interessadas na transmissão, em regra, declaram os valores do patrimônio ao órgão fazendário, que verifica o atendimento às normas aplicáveis. Nesse ponto surgem as discussões sobre a correta aferição da base de cálculo.

---

175. SALLABERRY, Fernando Moraes. *ITCMD* – Imposto sobre Heranças e Doações – Comentários à legislação paulista, jurisprudência judicial e administrativa, resposta a consultas e súmulas – Volume II. Sorocaba, 2021.

Como mencionado, a norma de base de cálculo para incidência do ITCMD encontra-se no Código Tributário Nacional, tendo no seu artigo 38 o principal dispositivo, já reproduzido acima.

O que se vê, portanto, são previsões específicas a respeito de bens mais frequentes nas hipóteses de transmissão: imóveis urbanos e rurais, automóveis, ativos financeiros e cotas sociais.

3.2.3 Base de cálculo de bens imóveis

Para Segundo, base de cálculo é a aferição econômica do fato gerador da obrigação tributária.[176]

Já Schoueri leciona a respeito da íntima ligação entre a base de cálculo e a hipótese tributária, afirmando que, em regra, só é possível apurar a base de cálculo quando verificada a hipótese de incidência. Tal regra se aplica ao ITCMD, que será apurado quando ocorrida a transmissão patrimonial gratuita, seja *causa mortis*, seja doção.[177]

Nesse sentido, Paulsen diferencia a base de cálculo sob dois aspectos, podendo ser verificada em concreto – quando ocorrida a medição dos elementos quantitativos da obrigação tributária – ou de forma presumida – quando a medição tem por base tabelamento que estima a base de incidência.[178]

---

176. SEGUNDO, Hugo de Brito Machado. *Manual de Direito Tributário*. 12 ed. Barueri: Grupo GEN, 2022.

177. SCHOUERI, Luís E. *Direito Tributário*. Disponível em: https://app.minhabiblioteca.com.br/#/books/9786555592696/. Acessc em: 18 jan. 2023.

178. PAULSEN, Leandro; MELO, José Eduardo Soares de. *Impostos federais, estaduais e municipais*. Disponível em: https://app.minhabiblioteca.com.br/#/books/9786553620001/. Acesso em: 14 jun. 2023.

Dada a íntima ligação entre base de cálculo e hipótese de incidência, a Constituição Federal, ao definir as espécies tributárias e respectivas competências, inevitavelmente trará algo sobre a base de cálculo de cada espécie tributária.

Nesse sentido é a afirmação de Schoueri:

> A base de cálculo, conquanto não possa ser isolada da hipótese tributária na definição da espécie de tributo, serve para confirmar o acerto do legislador infraconstitucional, já que nem toda base de cálculo serve para qualquer tributo.[179]

A Constituição Federal no seu artigo 146, III, "a", impõe que as bases de cálculo, dentre outros temas, devem ser objeto de norma geral em matéria tributária a constar de lei complementar.

No entanto, o Código Tributário Nacional é de publicação anterior à existência do ITCMD, não ocorrendo qualquer emenda com a criação da espécie tributária em 1988, tendente a adaptar a norma geral ao tributo. Não há, naturalmente, sequer menção ao ITCMD no citado diploma.

A partir do artigo 35, o Código Tributário Nacional trata do "Imposto sobre transmissão de bens imóveis e direitos a ele relativos" em sua Seção III. Note-se, tais dispositivos foram publicados tendo por base a competência constitucional para tributação de bens imóveis, que à época não distinguia gratuidade e onerosidade. A leitura do citado dispositivo deixa tal contexto claro.

---

179. SCHOUERI, Luís E. *Direito Tributário*. Disponível em: https://app.minhabiblioteca.com.br/#/books/9786555592696/. Acesso em: 18 jan. 2023.

> Art. 35. O imposto, de competência dos Estados, sobre a transmissão de bens imóveis e de direitos a eles relativos tem como fato gerador:
>
> I - a transmissão, *a qualquer título*, da propriedade ou do domínio útil de bens imóveis por natureza ou por acessão física, como definidos na lei civil;
>
> II - a transmissão, *a qualquer título*, de direitos reais sobre imóveis, exceto os direitos reais de garantia;
>
> III - a cessão de direitos relativos às transmissões referidas nos incisos I e II.
>
> Parágrafo único. Nas transmissões *causa mortis*, ocorrem tantos fatos geradores distintos quantos sejam os herdeiros ou legatários. (grifo nosso)

Em suma, o dispositivo traz normas gerais a respeito da transmissão de imóveis e direitos a eles relativos, sejam tais transmissões gratuitas ou onerosas. Diante de tal quadro, Sallaberry defende a possibilidade de aplicação do dispositivo ao ITCMD, observada hipótese de incidência trazida pela Constituição de 1988 (transmissão gratuita).[180]

Tal opinião se embasa em jurisprudência do Supremo Tribunal Federal, que afirma não ser o ITCMD imposto novo, mas mero desmembramento do ITBI existente no regramento constitucional anterior, de forma que as normas gerais aplicáveis ao ITBI também são aplicáveis ao ITCMD (AgRg nº 147.490-5, AgRg nº 150.617-3).

---

180. SALLABERRY, Fernando Moraes. *ITCMD – Imposto sobre Heranças e Doações* – Comentários à legislação paulista, jurisprudência judicial e administrativa, resposta a consultas e súmulas – Volume II. Sorocaba, 2021.

No mesmo sentido, há decisões do Superior Tribunal de Justiça sobre o ITCMD que tomam por base as normas do Código Tributário Nacional a respeito do ITBI (AgRg no Ag 315439/SP, AgRg no REsp 1274227/MS, REsp 343578/SP).

No mesmo sentido, há jurisprudência do Tribunal de Justiça do Estado de São Paulo (1024160-18.2022.8.26.0482, 1014148-68.2022.8.26.0053, 1013582-85.2023.8.26.0053).

As disposições a respeito de imóveis expõem essas diferenças entre as legislações. No caso de São Paulo, a lei menciona valor de mercado como regra, citando também um valor mínimo (Lei nº 10.705, de 28 de dezembro de 2000).

> Artigo 9º. A base de cálculo do imposto é o valor venal do bem ou direito transmitido, expresso em moeda nacional ou em UFESPs (Unidades Fiscais do Estado de São Paulo).
>
> § 1º Para os fins de que trata esta lei, considera-se valor venal o valor de mercado do bem ou direito na data da abertura da sucessão ou da realização do ato ou contrato de doação.
>
> Artigo 11. Não concordando a Fazenda com valor declarado ou atribuído a bem ou direito do espólio, instaurar-se-á o respectivo procedimento administrativo de arbitramento da base de cálculo, para fins de lançamento e notificação do contribuinte, que poderá impugná-lo.
>
> Artigo 13. No caso de imóvel, o valor da base de cálculo não será inferior:
>
> I - em se tratando de imóvel urbano ou direito a ele relativo, ao fixado para o lan-

> çamento do Imposto sobre a Propriedade Predial e Territorial Urbana – IPTU;
>
> II - em se tratando de imóvel rural ou direito a ele relativo, ao valor total do imóvel declarado pelo contribuinte para efeito de lançamento do Imposto sobre a Propriedade Territorial Rural – ITR.

Já no caso do Rio de Janeiro, há a menção ao valor de mercado, mas a lei traz a possibilidade de previsão de pauta estadual por meio de norma infralegal (Lei nº 7.174, de 28 de dezembro 2015).

> Art. 14. A base de cálculo do imposto é o valor de mercado do bem ou do direito transmitido.
>
> Art. 24. Na transmissão de bens imóveis ou de direitos a eles relativos, a base de cálculo é:
>
> § 3º Resolução do Secretário de Estado de Fazenda pode estabelecer, como limite mínimo para fixação do valor do bem, dentre outros critérios:
>
> I - valor fixado para o lançamento do Imposto sobre a Propriedade Predial e Territorial Urbano – IPTU, em se tratando de imóvel urbano ou de direito a ele relativo; ou
>
> II - valor total do imóvel informado pelo contribuinte para efeito do Imposto sobre a Propriedade Territorial Rural – ITR, em se tratando de imóvel rural ou de direito a ele relativo.

A previsão desses valores encontra-se na Portaria SUAR nº 27/2019, onde consta uma correlação de multiplicadores por município, ocorrendo a multiplicação pelo valor definido como base de cálculo do IPTU ou ITR, conforme a natureza do imóvel.

Pode-se afirmar que em ambos os casos a legislação persegue o valor de mercado do bem, mas por caminhos diferentes. Essas diferenças têm por base apenas a necessidade de legislação a respeito de um tema que não foi devidamente abordado por meio de lei complementar.

Passa-se a utilizar um caso hipotético para expor a situação de forma mais clara. Consideremos uma transmissão *causa mortis* em que há um bem imóvel A em São Paulo, valor de mercado estimado em R$ 500.000,00 e base de cálculo de IPTU de R$ 336.845,00. Há também um imóvel B localizado no Rio de Janeiro, tendo os mesmos parâmetros para valor de mercado e base de cálculo de IPTU localizado no município de Angra dos Reis.

Em respeito à competência constitucional, haverá a necessidade de declarar o ITCMD perante cada ente competente, conforme a localização do bem.

No caso do bem a ser declarado perante o órgão fazendário em São Paulo, o valor deverá ser o de mercado, R$ 500.000,00. No entanto, há que se considerar o ônus do contribuinte para fazê-lo, pois não se trata de valor objetivo e exato, de mera consulta, mas que sofre variações tanto das peculiaridades do imóvel quanto da vizinhança em que se encontra.

Diante disso, o contribuinte, por erro, pode vir a declarar tal bem a R$ 400.000,00 ou R$ 600.000,00, por exemplo. No primeiro caso, estaria sujeito à fiscalização. No segundo estaria pagando mais tributo do que é obrigado a fazer.

Some-se a tal fato a eventual aprovação automática da declaração, conforme artigo 9º-A da Lei nº 10.705/00, o que não afasta fiscalização posterior, obviamente respeitado o prazo decadencial. Em suma, o interessado poderá realizar a declaração em parâmetro incorreto e sofrer fiscalização posterior, dentro do limite da decadência, por meio da qual será discutida eventual diferença.

No caso do Rio de Janeiro, o interessado terá seu valor apontado pela norma de forma objetiva. A Portaria SUAR nº 27/19 traz como multiplicador urbano para Angra dos Reis o valor de 2,5 que, multiplicado pelo valor do IPTU, remeterá a um total de R$ 842.112,50.

Caso o interessado queira se insurgir contra este valor, a norma carioca traz a hipótese de discussão do valor determinado pela autoridade fazendária especificamente no seu artigo 28, § 1º (Lei nº 7.174/15).

Ou seja, como colocado inicialmente, a partir de um caso hipoteticamente idêntico, o contribuinte poderá se deparar com situações bem diversas perante estados diferentes. Importante frisar: o exemplo se limita a um único bem de valor similar declarado perante dois estados.

Os casos podem trazer características específicas e configurações de patrimônios com uma complexidade bem maior do que as aqui expostas em relação aos bens, ocorrendo maior quantidade e naturezas distintas (imóvel urbano, imóvel rural, dinheiro, automóveis, ativos bancários, cotas sociais, joias, armas de fogo etc.).

Em relação ao caso concreto, outras características podem influenciar no caso a partir de detalhe da norma tributária de cada ente federado: distanciamento entre fato gerador e momento da declaração; conversão do procedimento de judicial para extrajudicial ou o oposto; prazos previstos para cada hipótese processual; existência ou não de multa de protocolização etc.

Portanto, não se pode esperar que em casos similares em um e em outro estado se chegue ao mesmo valor para tributação. O resultado é uma provável exação tendo como base de cálculo valores distintos devido a uma ausência normativa em âmbito federal, o que atrai o seguinte questionamento: a diferença potencial entre bens similares tributados por diferentes entes federativos não configuraria desrespeito ao princípio da capacidade contributiva, já que tal diferença não tem por base a capacidade econômica do contribuinte?

Ainda no contexto das considerações a respeito da base de cálculo de bens imóveis, o Tema 1.113 apreciado pelo Superior Tribunal de Justiça merece especial atenção, já que, como posto anteriormente, a Corte considera as disposições constantes do Código Tributário Nacional a respeito do ITBI aplicáveis ao ITCMD.

Por meio dele foram definidas as seguintes teses:

> a) A base de cálculo do ITBI é o valor do imóvel transmitido em condições normais de mercado, não estando vinculada à base de cálculo do IPTU, que nem sequer pode ser utilizada como piso de tributação;
>
> b) O valor da transação declarado pelo contribuinte goza da presunção de que é condizente com o valor de mercado, que somente pode ser afastada pelo fisco mediante a regular instauração de processo administrativo próprio (artigo 148 do Código Tributário Nacional – CTN);
>
> c) O município não pode arbitrar previamente a base de cálculo do ITBI com respaldo em valor de referência por ele estabelecido de forma unilateral.

A partir das teses acima expostas, passa-se às considerações em relação ao ITCMD.

Em relação à tese "a", seria o enunciado aplicável ao ITCMD? Por um lado, tem-se que a afirmação de que o ITBI incide sobre o valor de mercado parece ser compatível com o constante do artigo 38 do Código Tributário Nacional, conferindo definitivamente a semântica de valor de mercado para o termo "valor venal", usado não só no citado dispositivo, como em inúmeras normas estaduais.

Por outro, o ITCMD não tem necessariamente um valor transacional a ser declarado pelas partes, já que o bem pode ter sido adquirido há bastante tempo ou não ser aplicável seu valor ainda que recente, como no caso de benfeitorias ou avarias significativas. Diante desse quadro, não deve haver parâmetro mínimo para declaração e pagamento do imposto?

Não sendo o caso de estabelecimento de valor mínimo, a declaração de valores vis seria um risco iminente, o que traria imediato impacto ao menos burocrático para os órgãos fazendários, mas certamente não a ele limitado.

Já diante da existência de parâmetro mínimo, sendo a base de cálculo o valor de mercado, deve ser possível ao contribuinte o pagamento abaixo desse valor mínimo, quando comprovada tal condição para o bem em questão.

Em relação à tese "b", mostra-se, se aplicável ao ITCMD, de impacto variável a depender da existência de valor mínimo ou não. Tal situação tem íntima ligação com a capacidade de discussão dos casos concretos pelas estruturas fazendárias que, em caso de ausência de parâmetro mínimo, correriam o risco de se verem invadidas por um sem-número de declarações com valores insignificantes, sendo potencialmente impossível a discussão de todas.

Já no caso da existência de parâmetro mínimo, como colocado anteriormente, deve ser possível ao contribuinte a comprovação, perante o caso concreto, de que o bem ou direito transmitido tem valor menor do que aquele mínimo estabelecido. Do contrário, estar-se-ia diante de exação do estado sobre uma base de cálculo incondizente com a realidade.

Em relação à tese "c", mostra-se plenamente aplicável ao ITCMD, dado que, como definido na tese "a", o valor do bem transmitido é o valor de mercado; não há compatibilidade com o arbitramento por meio de pauta pelo estado.

A saber, com o passar do tempo e apreciação das normas estaduais pelo poder Judiciário, a extensão da aplicação dessas teses ao ITCMD, já que é absolutamente frequente a definição de valores mínimos de incidência pelas normas estaduais.

É razoável cogitar que não se pode aplicar de maneira plena, pois são impostos que trazem suas respectivas peculiaridades, dentre as quais se destaca – novamente em face de sua importância – o valor mínimo. Parece pouco razoável cogitar um funcionamento razoável da tributação sobre herança e doações sem patamares mínimos ao menos para bens frequentes.

Tal afirmativa se dá com base na absoluta impossibilidade da análise específica de todos os bens trazidos à tributação somada à ausência de um valor transacional entre as partes que sirva como referência inicial.

3.2.4 Base de cálculo de ações/cotas sociais

O Código Civil define as pessoas jurídicas privadas no seu artigo 44. Dentre elas, há a sociedade, que é instituída por meio de contrato social e tem por finalidade a exploração de atividade econômica e a partilha de lucros,[181] fazendo-se presente, por sua natureza, em transmissões patrimoniais gratuitas, sejam *causa mortis*, seja *inter vivos*.

No ordenamento jurídico brasileiro, o termo ação é comumente utilizado como referência a uma participação em empresa sujeita à Lei das Sociedades anônimas,[182] enquanto o termo cota é utilizado pelo Código Civil, sendo normalmente atribuído às sociedades empresárias por ele reguladas.

Tal diferença, em que pese importante para o estudo do Direito Empresarial, não se mostra relevante diante da tributação no momento da transmissão gratuita, seja ela ocorrida pela morte, seja por meio da doação.

Adiante serão expostos exemplos de normas que trazem o regramento para valoração, não sendo a denominação do direito por si só, nesse contexto, importante para fins da determinação dos elementos constitutivos da obrigação tributária.

Conforme exposto anteriormente, há bens e direitos que normalmente têm suas bases de cálculo previstas pela norma estadual que institui o tributo, dentre os quais se encontram as cotas e ações sociais.

Diante da necessidade de cada ente competente dispor da base de cálculo sobre os bens e direitos, é natural que, da mesma forma como ocorreu em relação aos imóveis, haja diferença entre as formas de abordar o mesmo tema quando da comparação entre as normas.

---

181. GAGLIANO, Pablo S.; FILHO, Rodolfo P. *Manual de direito civil*: volume único. Disponível em: https://app.minhabiblioteca.com.br/#/books/9786553624559/. Acesso em: 14 jun. 2023.

182. TOMAZETTE, Marlon. *Curso de direito empresarial*: teoria geral e direito societário. v. 1. Disponível em: https://app.minhabiblioteca.com.br/#/books/9786553620551/. Acesso em: 15 jun. 2023.

Nessa comparação percebe-se, como regra geral, a divisão das ações e cotas sociais em dois grupos, tendo por base sua negociação ou não em bolsa. Isso porque, diante do fato de que as transmissões patrimoniais sujeitas à tributação do ITCMD são não onerosas, a negociação em bolsa apresenta valores transacionais, portanto, de mercado, venais.

A Lei nº 14.941/03, do estado de Minas Gerais, traz o seguinte no seu artigo 5º:

> Art. 5º. Em se tratando de ações representativas do capital de sociedade, a base de cálculo é determinada por sua cotação média na Bolsa de Valores na data da transmissão, ou na imediatamente anterior quando não houver pregão ou quando essas não tiverem sido negociadas naquele dia, regredindo-se, se for o caso, até o máximo de cento e oitenta dias.
>
> § 1º No caso em que a ação, quota, participação ou qualquer título representativo do capital de sociedade não for objeto de negociação ou não tiver sido negociado nos últimos cento e oitenta dias, admitir-se-á seu valor patrimonial na data da transmissão, nos termos do regulamento.
>
> § 2º Na hipótese em que o capital da sociedade tiver sido integralizado em prazo inferior a cinco anos, mediante incorporação de bens móveis e imóveis ou de direitos a eles relativos, a base de cálculo do imposto não será inferior ao valor venal atualizado dos referidos bens ou direitos.

O termo valor patrimonial trazido pelo § 1º será obtido por meio do balanço patrimonial transmitido à Secretaria da Receita Federal.[183]

Do dispositivo acima depreende-se uma regra para as ações negociadas em bolsa, que busca o valor anterior mais próximo do momento da transmissão, conforme as negociações ocorridas no mercado, até o limite de cento e oitenta dias.

E outra regra, no parágrafo primeiro, para ações que não tenham sido negociadas em bolsa nos últimos cento e oitenta dias, onde serão enquadradas tanto as que tenham deixado de ser negociadas em bolsa no período citado como as que nunca tenham sido negociadas.

A regra do parágrafo primeiro é complementada pelo parágrafo segundo, que traz um parâmetro mínimo no caso de incorporação de bens imóveis nos últimos cinco anos, situação em que o valor será a soma dos valores venais dos imóveis em questão.

---

183. Decreto nº 43.981/05. Art. 13. Em se tratando de ações representativas do capital de sociedade, a base de cálculo é determinada por sua cotação média na Bolsa de Valores na data da transmissão, ou na imediatamente anterior quando não houver pregão ou quando essas não tiverem sido negociadas naquele dia, regredindo-se, se for o caso, até o máximo de 180 (cento e oitenta) dias.
§ 1º No caso em que a ação, quota, participação ou qualquer título representativo do capital de sociedade não seja objeto de negociação ou não tiver sido negociado nos últimos 180 (cento e oitenta) dias, a base de cálculo será o seu valor patrimonial na data da transmissão, observado o disposto nos §§ 2º a 4º deste artigo.
§ 2º O valor patrimonial da ação, quota, participação ou qualquer título representativo do capital de sociedade será obtido do balanço patrimonial e da respectiva declaração do imposto de renda da pessoa jurídica entregue à Secretaria da Receita Federal, relativos ao período de apuração mais próximo da data de transmissão, observado o disposto no § 4º deste artigo, facultado ao Fisco efetuar o levantamento de bens, direitos e obrigações.
§ 3º O valor patrimonial apurado na forma do § 2º deste artigo será atualizado segundo a variação da UFEMG, da data do balanço patrimonial até a data prevista na legislação tributária para o recolhimentc do imposto.

As normas de valoração indireta de pessoas jurídicas, por meio de seus ativos e potencial de lucro, variam de forma considerável para cada estado, sendo trazido aqui o regramento mineiro para que a leitura do exemplo seja completa.

Nesse sentido, para que haja a correta interpretação da regra que trata da valoração de cotas sociais não negociadas em bolsa nos últimos cento e oitenta dias, é preciso entender o critério da valoração de bens imóveis, que, no caso da lei mineira, abstrai-se a partir da leitura combinada dos artigos 4º e 6º.

> Art. 4º. A base de cálculo do imposto é o valor venal do bem ou direito recebido em virtude da abertura da sucessão ou de doação, expresso em moeda corrente nacional e em seu equivalente em Ufemg.
>
> § 1º Para os efeitos desta Lei, considera-se valor venal o valor de mercado do bem ou direito na data da abertura da sucessão ou da avaliação ou da realização do ato ou contrato de doação, na forma estabelecida em regulamento.
>
> Art. 6º. O valor da base de cálculo não será inferior:
>
> I - ao fixado para o lançamento do Imposto sobre a Propriedade Predial e Territorial Urbana – IPTU, em se tratando de imóvel urbano ou de direito a ele relativo;
>
> II - ao valor total do imóvel declarado pelo contribuinte para efeito de lançamento do Imposto sobre a Propriedade Territorial Rural – ITR, em se tratando de imóvel rural ou de direito a ele relativo.

> Parágrafo único. Constatado que o valor utilizado para lançamento do IPTU ou do ITR é notoriamente inferior ao de mercado, admitir-se-á a utilização de coeficiente técnico de correção para apuração do valor venal do imóvel, nos termos do § 1º do art. 4º desta Lei.

Em suma, sendo imóvel urbano ou rural, o valor de transmissão é o valor de mercado, tendo como parâmetros mínimos, respectivamente, as bases de cálculo de IPTU e ITR. Ou seja, o valor mínimo a ser atribuído às cotas sociais não negociadas em bolsa nos últimos cento e oitenta dias remete o intérprete a uma regra de valoração de bens imóveis que contém parâmetro de valor mínimo.

O regramento constante do artigo 5º, § 2º, demonstra atenção do legislador com a manutenção da dimensão econômica[184] da base de cálculo de ações e cotas sociais. Para um melhor entendimento desse dispositivo, faz-se necessária a leitura do artigo 23 da Lei nº 9.249/95.

> Art. 23. As pessoas físicas poderão transferir a pessoas jurídicas, a título de integralização de capital, bens e direitos pelo valor constante da respectiva declaração de bens ou pelo valor de mercado.

O dispositivo transcrito permite que as pessoas físicas integralizem bens imóveis por meio de seu valor histórico, constantes da DIRPF, o que pode gerar uma considerável deterioração da base de cálculo nesse tipo de operação,

184. SEGUNDO, Hugo de Brito Machado. *Manual de Direito Tributário*. 12 ed. Barueri: Grupo GEN, 2022.

a depender do lapso temporal entre o momento da aquisição e o momento da integralização.

Para melhor entendimento, expõe-se um caso hipotético. João adquiriu um imóvel em 2005 pelo valor de R$ 400.000,00. Hoje o valor de mercado deste imóvel é de R$ 1.000.000,00. O artigo 23 permite que no momento da integralização deste imóvel a uma pessoa jurídica seja feita opção pelo valor histórico ou de mercado.

Para fins de tributação, João deixa de ter um imóvel e passa a ter cotas ou ações de uma determinada pessoa jurídica. Não fosse o regramento do artigo 5º, § 2º, diante da criação de uma pessoa jurídica meses ou semanas antes do seu óbito ou da realização de uma doação, o valor de base de cálculo seria o valor patrimonial da participação de João na pessoa jurídica, apurado por meio de balanço patrimonial, conforme exposto anteriormente.

Diante de uma empresa eventualmente constituída apenas para tal fim, a apuração do seu valor patrimonial em muito irá se aproximar do valor dessa integralização, diante da ausência de operações significativas de outra natureza.

Em suma, transformar-se-ia uma base de cálculo de bem imóvel – valor de mercado – em cota social – integralização pelo valor histórico, balanço patrimonial. Ou seja, o artigo 5º, § 2º, previne que por meio de uma manobra jurídica consideravelmente simples ocorra considerável diminuição da base tributável, seja no óbito, seja na doação.

Destaque-se que o Tribunal de Justiça de Minas Gerais interpreta tal dispositivo não como uma limitação à apuração de valor de mercado das cotas sociais tendo por base as operações ocorridas nos últimos cinco anos, mas apenas como parâmetro mínimo, a ser interpretado juntamente com os demais dispositivos normativos estaduais.

APELAÇÃO CÍVEL – MANDADO DE SEGURANÇA – ITCD – DOAÇÃO DE COTAS DE SOCIEDADE EMPRESÁRIA – BASE DE CÁLCULO – VALOR PATRIMONIAL DAS COTAS – REAVALIAÇÃO DE IMÓVEIS INCORPORADOS AO PATRIMÔNIO SOCIAL – APURAÇÃO, PELO FISCO, DO VALOR REAL E ATUALIZADO DO PATRIMÔNIO TRANSFERIDO – LEGALIDADE – RECURSO NÃO PROVIDO.

No que tange ao referido § 2º, insta salientar que não consiste em proibição para que o Fisco proceda à atualização/reavaliação dos imóveis incorporados posteriormente aos cinco anos ali referidos, tendo em vista a própria norma prevê que "a base de cálculo do imposto não será inferir ao valor venal atualizado dos referidos bens ou direitos."

[...]

Por sua vez, verifica-se que a regra prevista no RITCD (Dec. 43.981/05), também preconiza que o valor da quota deverá ser apurado com base no balanço patrimonial ou declaração do imposto de renda, sendo inclusive facultado ao Fisco efetuar o levantamento de bens, direitos e obrigações, não cabendo também falar em proibição em relação à reavaliação de bens incorporados em data posterior a 5 anos.

[...]

Neste ponto, vale destacar, conforme consignado pelo apelado em suas con-

> trarrazões, que o acréscimo recebido pelo donatário é patrimonial e não escritural, razão pela qual a base de cálculo não se resume a valores escriturais desatualizados, que não espelham o real acréscimo patrimonial obtido, mormente quando se trata de imposto incidente sobre a transferência de riqueza, impondo-se a atualização do valor venal, em devida observância ao art. 148 do CTN [...].
>
> Apelação Cível nº 10000.19.057337-8/001 Comarca de Belo Horizonte.

A supramencionada decisão interpreta as normas estaduais à luz do Código Tributário Nacional e do que a doutrina a respeito do tema aponta no que tange à base de cálculo, de forma que se aproxime o máximo possível da dimensão econômica do fato gerador em questão. No mesmo sentido, apresenta-se de forma plenamente compatível com as teses fixadas pelo Superior Tribunal de Justiça no que diz respeito à busca pelo valor de mercado da base de cálculo.

No caso da Lei nº 10.705/00 do estado de São Paulo, há no artigo 9º um regramento geral, em que há menção ao valor de mercado do bem ou direito.

> Artigo 9º. A base de cálculo do imposto é o valor venal do bem ou direito transmitido, expresso em moeda nacional ou em UFESPs (Unidades Fiscais do Estado de São Paulo).
>
> § 1º Para os fins de que trata esta lei, considera-se valor venal o valor de mercado do bem ou direito na data da

abertura da sucessão ou da realização do ato ou contrato de doação.

Somando-se a tal dispositivo, a regra para a declaração de cotas sociais é similar, prevista no artigo 14, § 2º:

Artigo 14. No caso de bem móvel ou direito não abrangido pelo disposto nos artigos 9º, 10 e 13, a base de cálculo é o valor corrente de mercado do bem, título, crédito ou direito, na data da transmissão ou do ato translativo.

[...]

§ 2º O valor das ações representativas do capital de sociedades é determinado segundo a sua cotação média alcançada na Bolsa de Valores, na data da transmissão, ou na imediatamente anterior, quando não houver pregão ou quando a mesma não tiver sido negociada naquele dia, regredindo-se, se for o caso, até o máximo de 180 (cento e oitenta) dias.

§ 3º Nos casos em que a ação, quota, participação ou qualquer título representativo do capital social não for objeto de negociação ou não tiver sido negociado nos últimos 180 (cento e oitenta) dias, admitir-se-á o respectivo valor patrimonial.

Por meio de redação distinta chega-se a regramento parecido com o disposto anteriormente, em que se busca o valor negociado em bolsa regredindo até o limite de cento e oitenta dias. Sendo maior este prazo ou nunca tendo sido a ação negociada em bolsa, será admitido o valor patrimonial.

A significativa diferença fica por conta da inexistência na legislação paulista da imposição de valor mínimo a partir dos imóveis integralizados até o limite de cinco anos, caso em que a valoração seria feita a partir dos valores dos imóveis.

A lei paulista também faz referência ao um valor patrimonial, que, conforme manifestação da Consultoria Tributária estadual, é o valor patrimonial real, que seria o valor que as cotas atingiriam se negociadas no mercado.[185]

No entanto, o Tribunal de Justiça do Estado de São Paulo, de forma recorrente, entende que o valor das cotas deve ser o valor patrimonial contábil, afastando o valor de mercado.

> REEXAME NECESSÁRIO E APELAÇÃO CÍVEL. AÇÃO DECLARATÓRIA C/C REPETIÇÃO DE INDÉBITO. ITCMD. AUTOS DE INFRAÇÃO E IMPOSIÇÃO DE MULTA. DOAÇÃO DE QUOTAS DO CAPITAL SOCIAL. BASE DE CÁLCULO DO TRIBUTO.
>
> Pretensão ao cancelamento dos AIIM nºs 4.015.141-4 e 4.015.142-6, bem como a repetição dos valores adimplidos indevidamente. Sentença de procedência do pedido, na origem. Manutenção. A base de cálculo do ITCMD, nos casos de doa-

---

185. Resposta à Consulta Tributária 24429/2021.
[...] [NOTA PARA DIAGRAMADOR: DEIXAR A INFORMAÇÃO NA MESMA PÁGINA]
III - Admite-se o valor patrimonial, desde que se leve em conta o valor patrimonial real, ou seja, aquele que mais se aproxima do valor de mercado (valor com que as referidas cotas de patrimônio seriam passíveis de ser negociadas no mercado – preço de venda).

> ção de quotas do capital social, consoante remansosa jurisprudência, deve recair sobre o valor patrimonial das quotas. Impossibilidade do Fisco se valer do valor de mercado dos patrimônios da empresa para determinar a base de cálculo. Inteligência do art. 14, § 3º, da Lei Estadual nº 10.705/2000. Precedentes. Honorários advocatícios majorados, nos termos do art. 85, § 11, do CPC/2015. Recursos não providos.
>
> Apelação 1019008-54.2017.8.26.0032.

No caso do estado de São Paulo, diante de interpretação dada pelo Tribunal de Justiça à norma estadual, têm-se o seguinte resultado: há amparo normativo para integralização de imóveis a valor histórico, nada podendo o órgão fazendário fazer para conservar a dimensão econômica da base de cálculo do fato gerador.

Em termos simples, a transmissão patrimonial gratuita intergeracional, no caso do estado de São Paulo, dá-se de forma absolutamente incompatível com a dimensão da riqueza transmitida, por meio de um mecanismo de planejamento razoavelmente simples. Tal entendimento certamente colabora para que o estado seja conhecido entre os profissionais do planejamento patrimonial e sucessório como "paraíso fiscal" do ITCMD.

No entanto, também no âmbito da Corte Paulista, por meio do processo 1008065-10.2022.8.26.0482, a 2ª Câmara de Direito Público emanou decisão afastando o valor histórico utilizado para fins de integralização, mantendo auto de infração lavrado para imposição do valor mínimo previsto na legislação para o bem integralizado.

No caso, trata-se de integralização de bens rurais imóveis a valor histórico e posterior doação entre os cotistas da pessoa jurídica, no caso ascendentes e descendentes. A decisão traz o seguinte:

> A empresa, no entanto, não opera no mercado, ou seja, NÃO EXERCE atividade econômica; sua finalidade EXCLUSIVA é apenas a gestão do patrimônio da família.
>
> Considerando que o capital social da empresa inicialmente era composto por R$ 6.000,00 e, posteriormente, foi aumentado para R$ 150.000,00, sendo que desse aumento R$ 3.824,98 foi feito em moeda corrente e R$ 140.175,02 em dois imóveis, tem-se que a maior parte do capital social da empresa é COMPOSTO PELOS DOIS IMÓVEIS RURAIS.
>
> O AIIMs levou em consideração os valores dos imóveis das Declarações de ITR dos imóveis rurais, preenchidas pelo próprio contribuinte, que demonstram grande diferença entre o valor real e o valor venal.
>
> <u>Assim, com a doação das cotas do sócio ODILO para as filhas, estas receberam, na prática, os imóveis que integralizam o capital social da empresa e não apenas cotas. Não parece razoável, portanto, que, com a doação, o imposto deixe de ser recolhido.</u>
>
> <u>Note-se que a integralização da empresa foi a forma que os celebrantes encontra-</u>

> ram para TRAVESTIR (vocábulo emprestado da obra de Marco Aurélio Greco) a doação de imóvel SEM RECOLHER O IMPOSTO DEVIDO.
>
> Observe-se que, por meio desse subterfúgio, o doador e as donatárias conseguiram ALTERAR O VALOR VENAL DO BEM, sobre o qual o imposto é calculado.
>
> Em resumo, tendo em vista que os imóveis foram empregados para integralização do capital social da empresa, constituindo a maior parte dele, e as cotas foram, posteriormente, doadas pelo sócio pai para as sócias filhas, o valor atribuído às cotas deve refletir o valor real de mercado dos imóveis. (grifos nossos)

Não se pode perder de vista, no contexto do estudo do caso concreto exposto, que a exação pelo ITCMD tem como finalidade a tributação da transmissão intergeracional de riquezas. No caso em questão, trata-se de empresa constituída sem qualquer intenção de atividade de empresa, mas tão somente a diminuição da base de cálculo na tributação da transmissão gratuita.

Questões relacionadas à discussão da base de cálculo naturais ao ambiente tributário, no entanto, no caso do ITCMD, diante da ausência e incompletude da lei complementar no que tange à sua incidência, os estados e o Distrito Federal se veem obrigados ao exercício da competência supletiva para que seja possível instituir o imposto, ocasionando diferenças de critérios com base na competência, assim como, consequentemente, diferentes interpretações trazidas pelo tribunal de cada jurisdição.

Ou seja, por um lado, há tratamento diferente entre contribuintes sujeitos a entes competentes diversos pela ausência de lei complementar sobre o tema, em clara afronta ao princípio da isonomia, que tem na capacidade contributiva um de seus corolários.

Por outro, há situações em que há subavaliação dos bens e direitos transmitidos, às vezes por interpretações que tendem à diminuição da exação, às vezes por falta de regramentos mais robustos em termos de valoração de bases de cálculo.

4. Transmissão Gratuita de Imóveis por Meio de Cotas Sociais – Planejamento Tributário ou Dissimulação?

Diante da tendência de aumento da utilização de mecanismos de planejamento patrimonial e sucessório no Brasil, naturalmente determinadas questões serão enfrentadas, assim como seus limites, que naturalmente devem ser fixados, em caso de litígio, pelo Poder Judiciário, possuidor de competência para tal.

Por óbvio que tais limites não serão estabelecidos tendo a tributação como questão exclusiva, mas certamente dela não poderá se furtar. Se por um lado o Estado não é único interessado – dividindo espaço com familiares e credores, por exemplo –, por outro é interessado direto e imediato na tributação que desses instrumentos possam advir, a depender da natureza do fato gerador que venha a se configurar.

Um desses instrumentos certamente é a constituição de pessoas jurídicas para fins de planejamento patrimonial e sucessório, que tem, como sabido, fins diversos, como manter em nome de uma ou algumas pessoas da família o controle de determinadas empresas, proteger o patrimônio familiar no que diz respeito aos relacionamentos estabelecidos pelos integrantes, ou ainda obter a economia de impostos.

4.1 Incidência de ITCMD sobre bens imóveis e cotas sociais

Em que pese a correlação estabelecida no presente estudo entre bens imóveis e cotas ou ações sociais, trata-se, naturalmente, de bens de naturezas distintas, o que atrai consequências diversas no caso do ITCMD.

Amaral destaca a importância da distinção entre bens móveis e imóveis pelos regramentos específicos que recaem sobre o bem de acordo com sua natureza, tanto no âmbito do direito privado como no âmbito do direito público.[186]

O Código Civil define no seu artigo 79 como bens imóveis o solo e tudo quanto se lhe incorporar natural ou artificialmente. Na sequência, o artigo 80 considera bens imóveis os direitos reais sobre imóveis e as ações que os asseguram e o direito à sucessão aberta.

Para Amaral "bens imóveis são os que não podem ser removidos sem alteração de sua substância".[187]

Os bens móveis constam do artigo 82 a 84. O artigo 82 traz o seguinte:

---

186. AMARAL, Francisco. *Direito civil*: introdução. Disponível em: https://app.minhabiblioteca.com.br/#/books/9788553602100/. Acesso em: 1 set. 2023.

187. *Op. cit.*

> Art. 82. São móveis os bens suscetíveis de movimento próprio, ou de remoção por força alheia, sem alteração da substância ou da destinação econômico-social.

Pereira leciona, ao abordar as diferentes classificações aplicáveis aos bens móveis, que são bens móveis por definição "os direitos de crédito com caráter patrimonial, assim como as ações respectivas".[188]

No que diz respeito à competência, há duas regras, a depender da natureza do bem, móvel ou imóvel. A Constituição Federal traz tal regra no seu artigo 155, § 1º. Até a recente Reforma Tributária, a competência para bens imóveis era verificada pelo local de processamento do inventário, tendo ocorrido a mudança para o domicílio do autor da herança.

Tal mudança mostra-se salutar para um sistema tributário nacional em que não se quer incentivar a disputa entre os entes federativos, chamada de "guerra fiscal", pois, especialmente no caso extrajudicial, com o regramento anterior os recebedores do patrimônio poderiam escolher o sujeito ativo da obrigação tributária no que dissesse respeito aos bens móveis.[189]

A menção a essa operação se dá no único sentido de entender as consequências tributárias da operação de integralização, no caso do ITCMD.

---

188. PEREIRA, Caio Mário da S. *Instituições de Direito Civil*: Introdução ao Direito Civil – Teoria Geral de Direito Civil. v. I. Disponível em: https://app.minhabiblioteca.com.br/#/books/9786559644469/. Acesso em: 1 set. 2023.

189. Resolução Conselho Nacional de Justiça nº 35. Art. 1º Para a lavratura dos atos notariais relacionados a inventário, partilha, separação consensual, divórcio consensual e extinção consensual de união estável por via administrativa, é livre a escolha do tabelião de notas, não se aplicando as regras de competência do Código de Processo Civil.

4.2 Natureza do bem e competência tributária

Diante de um regramento de competência que tem ligação com a natureza do bem, é possível o impacto na regra a partir da integralização de bens imóveis.

No caso do inventário, o Código de Processo Civil traz a regra de competência no artigo 48 para a realização do procedimento de inventário judicial.

> Código de Processo Civil.
>
> Art. 48. O foro de domicílio do autor da herança, no Brasil, é o competente para o inventário, a partilha, a arrecadação, o cumprimento de disposições de última vontade, a impugnação ou anulação de partilha extrajudicial e para todas as ações em que o espólio for réu, ainda que o óbito tenha ocorrido no estrangeiro.
>
> Parágrafo único. Se o autor da herança não possuía domicílio certo, é competente:
>
> I - o foro de situação dos bens imóveis;
>
> II - havendo bens imóveis em foros diferentes, qualquer destes;
>
> III - não havendo bens imóveis, o foro do local de qualquer dos bens do espólio.

O *caput* impõe o foro como sendo do domicílio do autor da herança. Não havendo domicílio certo, o parágrafo único traz três outras possibilidades, sendo as duas primeiras ligadas à existência de bens imóveis.

A integralização de imóveis à pessoa jurídica tem como efeito imediato, na esfera patrimonial da pessoa física que realiza a integralização, a troca de bem imóvel por bem móvel. Portanto, há possibilidade de impacto na própria regra de competência processual.

Havendo impacto na competência processual, ocorrerá impacto indireto na competência tributária, no que se refere a bens móveis, pois a Constituição impõe que a competência para cobrança de ITCMD sobre bens móveis é definida pelo domicílio do autor da herança, novidade trazida pela Reforma Tributária. Anteriormente, a competência para cobrança de ITCMD sobre bens móveis no inventário era do estado onde se processava o inventário.

Vale dizer que tal regra se aplica aos óbitos anteriores à vigência da mencionada emenda, por força do artigo 144 do Código Tributário Nacional.

> Art. 144. O lançamento reporta-se à data da ocorrência do fato gerador da obrigação e rege-se pela lei então vigente, ainda que posteriormente modificada ou revogada.

Passa-se a um simples exemplo para melhor entendimento da consequência colocada. João possui domicílio em Minas Gerais, neste estado e no estado do Rio de Janeiro. Pouco antes de falecer, integraliza os imóveis do Rio de Janeiro a uma pessoa jurídica, passando a possuir, em seus lugares, cotas sociais.

Diante da regra de competência trazida pela Constituição, o ITCMD sobre bens móveis é de competência do estado de domicílio do autor da herança, neste caso o estado de Minas Gerais. Portanto, o pagamento de ITCMD sobre as cotas sociais (adquiridas por meio da integralização de bens imóveis localizados no Rio de Janeiro) será devido ao estado de Minas Gerais.

No exemplo acima, expõe-se o impacto da regra constitucional influenciando no recolhimento a partir do bem, atraindo, por consequência, toda a legislação incidente e suas peculiaridades, como critérios de apuração, prazos e sanções.

Para óbitos anteriores à Emenda Constitucional nº 132/2023, permanece a competência sobre bens móveis para o estado em que se processa o inventário, podendo os recebedores, em caso de inventário extrajudicial, escolher o sujeito ativo da obrigação tributária, como colocado anteriormente.

Nesse contexto, duas são as considerações imediatas que se tornam pertinentes diante do cenário pós-Reforma Tributária. Primeiramente, ganhará destaque no âmbito de transmissões *causa mortis* a discussão a respeito do domicílio do autor da herança em tentativas de deslocar o inventário para estados em que a alíquota é menor, portanto, ocorrendo economia com o ITCMD incidente sobre bens imóveis.

Naturalmente, quanto maior a quantidade de bens móveis a serem transmitidos e maior a diferença de alíquota, maior será a potencial economia. Some-se a esses fatos eventuais diferenças de critérios de valoração de bens móveis, como exposto quando da comparação dos critérios de valoração e respectivos entendimentos dos Tribunais de Justiça dos estados de Minas Gerais e São Paulo.

A segunda consideração diz respeito ao conflito de competência no âmbito da discussão de eventual dissimulação da transmissão de bens imóveis por meio de cotas sociais. No contexto de uma transmissão em que a competência de tributação dos bens móveis seja diversa da localização dos bens imóveis, a discussão acaba por opor não apenas o interesse dos contribuintes e do fisco, mas o de mais de um estado da federação, a depender do caso concreto.

Com a imposição de progressividade das alíquotas e potencial aumento geral da carga tributária do ITCMD, a espécie tributária tende a ter maior importância diante das Administrações Tributárias dos diferentes estados, o que pode tornar questões como a descrita acima cada vez mais frequentes.

4.3. Economia de ITCMD na integralização e eventuais limites

Várias são as operações – aqui referidas de forma genérica, sem adentrar à regularidade ou não – que tendem a diminuir ou evitar o pagamento do ITCMD. Quando do seu estudo, alguns pontos ficarão claros tanto em relação à regularidade quanto à irregularidade.

No entanto, outros tantos ficarão em uma região em que há potencial de discussão e de litígio, sendo necessário, como colocado anteriormente, que o Poder Judiciário seja chamado a decidir.

A utilização de pessoas jurídicas na gestão patrimonial pode ter objetivos diversos: administração ou organização do patrimônio familiar, separação entre administração de bens e atividade de empresa no âmbito familiar, planejamento sucessório e economia de impostos.

Como exposto pela lição de Mamede e Mamede, "a constituição de estruturas societárias serve para que pessoas (naturais ou jurídicas) e famílias (de casais a grupos que incluem avós, tios, primos, netos etc.) organizem, por exemplo, uma ordem em suas atividades e patrimônio, separando atividades e patrimônio produtivo do que é meramente pessoal e patrimonial".[190]

---

190. MAMEDE, Gladston; MAMEDE, Eduarda Cotta. *Holding familiar e suas vantagens.* Planejamento jurídico e econômico do patrimônio e da sucessão familiar. Barueri: Grupo GEN, 2022. p. 19.

Lima apresenta o planejamento tributário como uma das finalidades possíveis a serem alcançadas na constituição de pessoas jurídicas.[191]

O planejamento tributário é um mecanismo que tem por objetivo diminuir a exação do Estado, dentro da estrita observância da legislação vigente. Em outras palavras, trata-se da racionalização da incidência tributária, com a redução lícita da sua carga.

4.3.1 Natureza do bem e o impacto na competência tributária

Há que se considerar ainda que cotas sociais são bens móveis. Portanto, realizada a integralização de um bem imóvel, o proprietário passa a ter bem móvel em lugar do bem imóvel, o que impacta também na competência tributária (art. 155, § 1°, II, Constituição Federal), já que, no caso da sucessão *causa mortis*, a competência para cobrança de ITCMD sobre bens móveis acompanha a localização do bem, enquanto para bens móveis será do estado onde era domiciliado o *de cujus*.

Independentemente do motivo pretendido, bens serão integralizados quando da constituição da pessoa jurídica. Nesse contexto, a Lei n° 9.249/95 permite à pessoa física, no momento da integralização, que opte entre o valor constante da declaração de bens ou valor mercado, especificamente no seu artigo 23.

> Art. 23. As pessoas físicas poderão transferir a pessoas jurídicas, a título de integralização de capital, bens e direitos pelo

191. LIMA, Ricardo Alves de. *Função Social da Herança* – Tutela e limites à autonomia privada na sucessão causa mortis. Belo Horizonte: Editora Dialética, 2021.

> valor constante da respectiva declaração de bens ou pelo valor de mercado.

O dispositivo não faz distinção por natureza de bens, portanto nessa regra se incluem as integralizações que tenham por objeto bem imóvel, notadamente bens que em regra representam parte mais significativa do patrimônio de uma pessoa física.

Essa norma abre, em tese, a possibilidade para significativa redução da carga tributária, pois pode haver considerável lapso temporal entre o momento da aquisição pelo proprietário e a integralização.

Integralizado o bem, o *de cujus* ou doador passa a transmitir ações ou cotas sociais, a depender do tipo societário. Desta forma, a avaliação se dará, a princípio, conforme a natureza do bem transmitido. Em outros termos, se antes a pessoa proprietária do imóvel transferiria um bem imóvel, agora ela transfere um bem móvel – cotas ou ações sociais, para ser mais exato.

Este é o objeto da discussão judicial abaixo, em que o estado do Tocantins pretendia cobrança sobre de ITCMD sobre imóvel rural doado por meio de cotas sociais. Sendo o doador domiciliado no estado de São Paulo, o ITCMD sobre a doação de bem móvel deve ser recolhido a este estado.

> APELAÇÃO CÍVEL/REMESSA NECESSÁRIA. MANDADO DE SEGURANÇA. ITCMD – IMPOSTO SOBRE TRANSMISSÃO *"CAUSA MORTIS"* E DOAÇÃO. INEXIGIBILIDADE DO TRIBUTO PELO ESTADO DO TOCANTINS. DOAÇÃO DE QUOTAS SOCIAIS. NATUREZA DE BEM MÓVEL. COMPETÊNCIA DO ESTADO DE DOMICÍLIO DO DOADOR. SEGURANÇA CONCEDIDA. REEXAME CO-

NHECIDO. RECURSO CONHECIDO E IMPROVIDO. SENTENÇA MANTIDA. 1. O Imposto sobre Transmissão *"Causa Mortis"* e Doação (ITCMD) tem competência tributária atribuída aos Estados e Distrito Federal, sendo definidas algumas regras pela Constituição Federal, em seu artigo 155, § 1º, incisos I e II, conforme a natureza dos bens e direitos. Em suma: se imóveis, competente o ente federativo da situação do imóvel; e, em relação aos móveis, compete à unidade federada de processamento do inventário/arrolamento, ou onde tiver domicílio o doador. 2. No caso, concedida a segurança aos impetrantes, reconhecendo a inexigibilidade do crédito tributário pelo Estado do Tocantins, relativo ao ITCMD incidente sobre a doação de quotas sociais, em razão do doador ter domicílio em São Paulo, sendo este o Estado competente para a instituição e cobrança do imposto. 3. Com efeito, para fins de verificação do Estado destinatário da exação, tratando-se de incidência do ITCMD em decorrência de doação de quotas sociais, as quais possuem natureza de bem móvel, deve ser considerado o domicílio do doador. Nos termos do artigo 53, § 4º, inciso II, do Código Tributário Estadual (Lei nº 1.287/2001), o ITCMD somente é devido ao Estado do Tocantins, na hipótese de doação, se o doador tiver domicílio nesta unidade federativa; o que não é o caso dos autos. 4. Remessa necessária conhecida. 5. Recurso conhecido e improvido. 6. Sentença mantida.

> (TJTO, Apelação/Remessa Necessária, 0000006-91.2021.8.27.2734, Rel. EURÍPEDES DO CARMO LAMOUNIER, julgado em 4/4/2023, DJe 17/04/2023 13:49:45).

A um só tempo há a possibilidade de reduzir consideravelmente a base tributada e alterar o sujeito ativo da cobrança. Com o possível aumento geral das alíquotas trazido pela imposição de progressividade com a Reforma Tributária, seria essa uma questão a ser buscada com mais frequência pelos estados que tenham seus imóveis integralizados a cotas que venham a ser tributadas por outros estados?

A pergunta é importantíssima no contexto de aumento das alíquotas, o que deve ser pensado com o lapso decadencial de 5 anos previsto no Código Tributário Nacional, tempo em que o ato ou negócio poderá ser revisitado pelo órgão fazendário. Como se trata de tema em relação ao qual questões ainda serão respondidas, qualquer planejamento que passe por elas traz consigo natural carga de insegurança.

4.3.2 Integralização de imóveis a valor histórico e suas consequências no âmbito da incidência do ITCMD

Feitas tais considerações, é cabível um primeiro questionamento a respeito da utilização de valores históricos para integralização de um bem. No entanto, o questionamento não se dirige à utilização em si, mas ao entendimento de que o permissivo legal a ser abordado não afasta eventual incidência tributária no âmbito do ITCMD.

Inicialmente, impõe-se a leitura do artigo 23 da Lei nº 9.249, de 26 de dezembro de 1995.

> Art. 23. As pessoas físicas poderão transferir a pessoas jurídicas, a título de integralização de capital, bens e direitos pelo valor constante da respectiva declaração de bens ou pelo valor de mercado.
>
> § 1º Se a entrega for feita pelo valor constante da declaração de bens, as pessoas físicas deverão lançar nesta declaração as ações ou quotas subscritas pelo mesmo valor dos bens ou direitos transferidos, não se aplicando o disposto no art. 60 do Decreto-Lei nº 1.598, de 26 de dezembro de 1977, e no art. 20, II, do Decreto-Lei nº 2.065, de 26 de outubro de 1983.

A norma federal expressamente autoriza a integralização de capital por meio da transmissão de bens e direitos por seus valores históricos, o que, como exposto anteriormente, terá impacto contábil diferente da integralização a valor de mercado. Nesse ponto, a depender da configuração normativa e jurisprudencial do estado, apresenta-se uma discrepância significativa na base de cálculo de transmissão das cotas, a depender da escolha no momento da integralização e, ressalte-se, escolha pautada em norma federal.

Diante da possibilidade acima, impedir o órgão fazendário de valorar a mercado as cotas transmitidas é um salvo-conduto à transmissão de imóveis por valores consideravelmente abaixo dos valores de mercado. É o resultado imediato e altamente provável. No caso do estado de São Paulo, certamente é um dos fatores que tornam o estado um "paraíso fiscal" do ITCMD.

Por outro lado, a vinculação da tributação do ITCMD ao valor histórico do imóvel, ainda que por via indireta, provoca considerável degradação da base de cálculo de incidência do imposto.

No que se refere à discussão em torno do alcance da imunidade do ITBI no momento da integralização de capital, tendo por base o Tema 796 do Supremo Tribunal Federal, há jurisprudência no sentido de manter a tributação sobre o valor excedente ao capital social considerando o valor de mercado, justamente porque é a esse valor que se refere a incidência do imposto, conforme teses fixadas por meio do Tema 1.113 do Superior Tribunal de Justiça, ainda que exista norma que permita o uso do valor histórico:

> EMENTA: REMESSA NECESSÁRIA E APELAÇÃO CÍVEL. MANDADO DE SEGURANÇA. TRIBUTÁRIO. ITBI. VALOR DO IMÓVEL SUPERIOR AO DO CAPITAL SOCIAL INTEGRALIZADO. TEMA 796/STF. APLICABILIDADE. TRIBUTAÇÃO DO EXCEDENTE. SENTENÇA REFORMADA.
>
> 1. A imunidade tributária do imposto de transmissão de bens imóveis intervivos em realização de capital, está prevista no art. 156, § 2º, II, da CF.
>
> 2. No caso, a impetrante pretende seja considerado o valor por ela atribuído ao bem, o qual equivale ao valor constante da Declaração de Imposto de Renda, que corresponde ao exato valor do capital social integralizado, contudo, a base de cálculo do ITBI é, por força de lei, o valor venal do bem ou direito transmitido (art. 38, CTN), existindo, portanto, uma diferença a ser tributada.

3. Não se afasta a aplicação do Tema 796/STF, pois todo excesso à integralização de capital social é, por definição, formação de capital de reserva, não estando o excesso acobertado pela regra da não incidência.

4. REMESSA NECESSÁRIA E APELAÇÃO CÍVEL CONHECIDAS E PROVIDAS. SEGURANÇA DENEGADA.

5041922-87.2021.8.09.0093, Tribunal de Justiça do Estado de Goiás.

APELAÇÃO E REEXAME NECESSÁRIO – Ação anulatória de débitos – ITBI – Imóvel transmitido em integralização de capital social – Art. 156, § 2º, I, da Constituição Federal – Benefício constitucional que imuniza apenas os bens integralizados até o limite quantitativo do capital social ou do seu aumento – Repercussão Geral – RE 796.376/SC, Tema 796 – Divergência quanto à base de cálculo do ITBI – Autora pretende que seja considerado o valor por ela atribuído – Descabimento – Precedentes desta C. Câmara Especializada – Deve ser mantida a cobrança do ITBI sobre o valor que exceder à integralização do capital social. Contudo, caberá ao Fisco averiguar o valor de mercado do imóvel à época da transação, montante que servirá como base de cálculo – Incabível o cálculo do ITBI com base no valor declarado pelo contribuinte, no valor venal para fins de IPTU ou no valor venal de referência – Observância da tese fixada no REsp repetitivo 1.937.821 do STJ, Tema

> nº 1.113 – Lançamento anulado, em razão da adoção do valor venal de referência – REEXAME NECESSÁRIO E RECURSO DA MUNICIPALIDADE DESPROVIDOS – RECURSO DA AUTORA PROVIDO.
>
> Apelação/Remessa Necessária: APL 1049960-11.2021.8.26.0053 SP 1049960-11.2021.8.26.0053 Tribunal de Justiça do Estado de São Paulo.

Ou seja, a utilização do valor histórico não vincula o órgão fazendário estadual quando da verificação do fato gerador no âmbito de sua competência.

Outro questionamento importante nesse contexto é o limite – ou ausência dele, a depender da interpretação – da utilização da empresa como instrumento para planejamento patrimonial e sucessório.

No momento da integralização de capital, há normas claras de áreas específicas, como Direito de Família e Direito das Sucessões, que impõem limitações a serem atendidas, como exposto com maestria por Flávio Tartuce e Maurício Bunazar, em série de três artigos intitulados "*As holdings familiares e o problema da invalidade*".[192] [193] [194] Exemplo

---

192. TARTUCE, Flávio; BUNAZAR, Maurício. *As "holdings familiares" e o problema da invalidade* – parte I: fraude à lei e simulação. Disponível em: https://www.migalhas.com.br/coluna/familia-e-sucessoes/390517/as-holdings-familiares-e-o-problema-da-invalidade. Acesso em: 28 mai. 2024.

193. ______. *As "holdings familiares" e o problema da invalidade* – parte II: desvio de finalidade ou utilização disfuncional da personalidade jurídica. Disponível em: https://www.migalhas.com.br/coluna/familia-e-sucessoes/392669/as-holdings-familiares-e-o-problema-da-invalidade--parte-ii. Acesso em: 31 mai. 2024.

194. ______. *As "holdings familiares" e o problema da invalidade* – parte III: pacto sucessório, lesão à legítima e outras razões subjetivas. Disponível em: https://www.migalhas.com.br/coluna/familia-e-sucessoes/394156/pacto-sucessorio-lesao-a-legitima-e-outras-razoes-subjetivas. Acesso em: 31 mai. 2024.

bastante simples é a integralização total do patrimônio em nome de uma pessoa para que a partir desse momento sejam realizadas operações sem respeito à meação ou à legítima dos herdeiros necessários.

Portanto, claramente a utilização da empresa não pode se dar em prejuízo de cônjuges, companheiros e herdeiros necessários, sendo nulos os negócios praticados, conforme demonstrado nos seguintes julgados:

> APELAÇÃO CÍVEL. AÇÃO DE NULIDADE DO CONTRATO DE CONSTITUIÇÃO DA SOCIEDADE EMPRESARIAL CUMULADA COM PEDIDO DE DISSOLUÇÃO JUDICIAL. SENTENÇA DE TOTAL PROCEDÊNCIA. REBELDIA DOS DEMANDADOS.
>
> ILEGITIMIDADE ATIVA *AD CAUSAM* AFASTADA. NÍTIDA POSSIBILIDADE DE O FILHO PLEITEAR A NULIDADE DO ATO DE CONSTITUIÇÃO DE *HOLDING* FAMILIAR. EXEGESE DOS ARTS. 145 E 146 DO ANTIGO CÓDIGO CIVIL VIGENTE À ÉPOCA DOS FATOS.
>
> "Em se tratando de ato catalogado pela lei como nulo (art. 145, cc), justamente em razão da intensidade dos defeitos, permite-se que a declaração de nulidade seja postulada por qualquer interessado, ou seja, qualquer pessoa que detenha um mínimo de interesse no desfazimento do negócio (art. 146, cc)" (REsp. n. 40.434/SP, rel. Min. Sálvio de Figueiredo Teixeira).
>
> Apelação Cível n. 2012.006203-8, de Criciúma. Tribunal de Justiça de Santa Catarina.

> AGRAVO DE INSTRUMENTO. INCIDENTE DE DESCONSIDERAÇÃO DA PERSONALIDADE JURÍDICA INVERSA. CONSTITUIÇÃO DE *"HOLDING"* FAMILIAR. ARTIGO 50 DO CÓDIGO CIVIL. DESVIO DE FINALIDADE E CONFUSÃO PATRIMONIAL. BLINDAGEM DE PATRIMÔNIO EVIDENTE. REQUISITOS PREENCHIDOS. PROVAS IRREFUTÁVEIS. SUBSTITUIÇÃO DO ARRESTO CAUTELAR DE ALUGUÉIS DE IMÓVEIS COM A INCIDÊNCIA SOBRE O LUCRO LÍQUIDO DISTRIBUÍDOS EM RAZÃO DAS QUOTAS SOCIAIS. INOVAÇÃO RECURSAL. NÃO CONHECIMENTO. CONDENAÇÃO EM HONORÁRIOS DE SUCUMBÊNCIA. NÃO CABIMENTO. PRECEDENTES. RECURSO CONHECIDO EM PARTE, E, NA PARTE CONHECIDA, PROVIDO PARCIALMENTE.
>
> Agravo de Instrumento n. 5059278-66.2021.8.24.0000, do Tribunal de Justiça de Santa Catarina.

No entanto, nesse mesmo contexto, quando da integralização de capital por meio de bens a uma pessoa jurídica, há o Estado como interessado no recolhimento de eventuais impostos incidentes. Nesse sentido, há algum limite aplicável a essas operações, caso tenham sido respeitados os demais pressupostos aplicáveis, como Direito de Família, Direito das Sucessões, Direito Societário, dentre outros conforme o caso? A pergunta não é retórica, mas entrega uma escolha que a sociedade precisa fazer por meio de suas instituições.

Assim como decidido pelo Tribunal de Justiça do Estado de São Paulo, cuja decisão foi transcrita anteriormente (*vide* item 3.2.4), deve-se pensar a utilização desses instrumentos a partir, nesse contexto, da consequência tributária que trazem. Nesse aspecto específico, outros questionamentos surgem. A constituição de pessoa jurídica com único intuito de integralizar bens para utilizar-se de critério mais benéfico para pagamento do ITCMD é medida regular, com sua eventual mudança de competência tributária? A integralização de bens a pessoas jurídicas pré-existentes, não havendo qualquer ligação desses bens com o objeto explorado, ou qualquer tipo de utilização a eles relacionada (como, por exemplo, prestação de garantia para financiamentos), sendo a integralização realizada para utilizar-se de critério mais benéfico para pagamento do ITCMD é medida regular? Caso negativo, em quanto tempo se configura o quadro para fins de cobrança do ITCMD?

Obviamente não se ignora o importantíssimo estudo a respeito da fronteira entre elisão e evasão fiscal, que necessariamente passa pelo que se conhece como norma antielisão, constante do artigo 116, parágrafo único, do Código Tributário Nacional.

> Art. 116. Salvo disposição de lei em contrário, considera-se ocorrido o fato gerador e existentes os seus efeitos:
>
> I - *tratando-se* de situação de fato, desde o momento em que se verifiquem as circunstâncias materiais necessárias a que produza os efeitos que normalmente lhe são próprios;
>
> II - *tratando-se* de situação jurídica, desde o momento em que esteja definitivamente constituída, nos termos de direito aplicável.

> *Parágrafo único. A autoridade administrativa poderá desconsiderar atos ou negócios jurídicos praticados com a finalidade de dissimular a ocorrência do fato gerador do tributo ou a natureza dos elementos constitutivos da obrigação tributária, observados os procedimentos a serem estabelecidos em lei ordinária*. (grifo nosso)

A exposição de motivos relacionada à Lei Complementar nº 104/2001, que adicionou o parágrafo único destacado acima, fala em alcançar negócios jurídicos com finalidade de elisão, praticados com abuso de forma ou de direito.[195]

Especialmente no contexto da presente obra, é fundamental o correto entendimento da diferença entre simulação e dissimulação:

> Trata-se, exatamente, de abarcar os atos jurídicos dissimulados: nesses casos, diferente da simulação, em que as partes não pretendem realizar negócio jurídico algum e absolutamente todos os elementos são falsos, na dissimulação encobre-se o ato jurídico com outra roupagem.[196]

A respeito da reflexão sobre a fronteira entre elisão e evasão fiscal aplicada ao que se convencionou chamar de *"holding familiar"*, impõe-se trecho dos citados artigos de autoria de Flávio Tartuce e Maurício Bunazar, ao mencio-

---

195. PISCITELLI, Tathiane. *Curso de Direito Tributário*. Disponível em: https://proview.thomsonreuters.com/launchapp/title/rt/monografias/266277181/v3/page/RB-8.2. Acesso em: 31 mai. 2024.

196. *Ibidem*.

narem as alterações provocadas no Código Civil pela Lei nº 13.847/2019 – Lei de Liberdade Econômica:[197]

> Ora, ao se cotejar o disposto no parágrafo único do art. 49-A com a realidade das *"holdings familiares"* voltadas ao *esvaziamento patrimonial total*, observa-se, em regra, que: a) essas pessoas jurídicas constituídas, sobretudo as sociedades, não exercem atividade empresária de nenhum tipo; b) essas pessoas jurídicas não estimulam nenhum tipo de empreendimento; c) elas não geram emprego, sendo certo que as pessoas físicas que eventualmente estão em sua folha de pagamento, quando muito, prestam serviços exclusivamente às sociedades operacionais cujas cotas elas detêm; d) não geram tributação e, muito ao contrário, são usadas também para elidir tributos ou mesmo para fraudes fiscais; e) não geram renda; f) as "holdings familiares" não têm sequer o potencial de gerar inovação; e g) essas pessoas jurídicas sequer celebram contratos, não tendo credores e nem devedores. (grifo nosso)

O grifo no trecho acima repisa o questionamento em situações em que não há, a princípio, violação a direito de herança, de meação ou a credores; ainda assim, seriam vá-

197. TARTUCE, Flávio; BUNAZAR, Maurício. *As "holdings familiares" e o problema da invalidade* – parte II: desvio de finalidade ou utilização disfuncional da personalidade jurídica. Disponível em: https://www.migalhas.com.br/coluna/familia-e-sucessoes/392669/as-holdings-familiares-e-o-problema-da-invalidade--parte-ii. Acesso em: 31 mai. 2024.

lidos os negócios jurídicos realizados para fins de redução de impostos?

A mesma integralização a valor histórico que pode ser caminho para pagamento a menor de ITCMD, também oportuniza doações de cotas sociais a valores baixíssimos, violando o direito de herdeiros necessários quando da verificação dos reais valores do direito transmitido. Cabe a questão: uma doação de cotas sociais que efetivamente transmite imóveis ofenderia a legítima quando da comparação com os valores de mercado? Mas seria regular do ponto de vista tributário?

Expõe-se um exemplo para deixar mais clara a possibilidade. João é patrimonialista e pai de Márcia e Pedro. Possui bens móveis que somam valor total de R$ 500.000,00 e um imóvel, adquirido há vários anos, com valor histórico de R$ 500.000,00 e com valor de mercado atual de R$ 1.000,000,00.

Com intuito de favorecer Márcia, constitui empresa integralizando o capital utilizando o imóvel a valor histórico. Após, inclui Márcia no quadro societário e doa totalmente as cotas sociais a ela. No exemplo, Márcia e Pedro são os únicos herdeiros necessários de João. Nesse caso, a doação é regular? A legítima foi respeitada?

O Código Civil, em seu artigo 549, impõe que nula é a doação cuja parte exceda a que o doador, no momento da liberalidade, poderia dispor em testamento. Ressalte-se que o custo histórico não se confunde, especialmente nesse caso, com o valor real do bem, restando óbvio o prejuízo à legítima de Pedro.

O exemplo é interessante no contexto em estudo, pois expõe numericamente o dano que pode ser causado a um interessado na herança quando das diferenças entre utilização de valores históricos ou de mercado em operações com cotas sociais. Cabível a repetição do questionamento: a nulidade de tais operações se dá apenas diante, conforme exposto no caso, do desrespeito ao Direito das Sucessões ou, quando o impacto for única e exclusivamente tributário, estar-se-á igualmente diante de operações irregulares? No caso descrito, sendo Márcia a única herdeira necessária de João, a operação seria regular?

Como abordado, as normas estaduais que tratam do ITCMD fazem menção a valor de mercado ou a valor venal, cuja semântica foi definida pelo Superior Tribunal de Justiça como sinônimo de valor de mercado no que se refere ao artigo 38 do Código Tributário Nacional, aplicável ao ITCMD.

Especificamente no estado de São Paulo, em sentido oposto, a posição dominante no Poder Judiciário cria uma larga avenida de livre circulação de bens a valores absolutamente discrepantes com seus valores de mercado, no que diz respeito à valoração de cotas sociais. Tal interpretação encontra harmonia com as normas constantes da Constituição, Código Tributário Nacional e, mais recentemente, teses emanadas por meio do Tema 1.048 do Superior Tribunal de Justiça?

Tal entendimento mostra-se ainda mais surpreendente quando da comparação com o Tribunal de Justiça do Estado do Mato Grosso:

> A esse respeito, o Superior Tribunal de Justiça entende que o valor venal para fim de base de cálculo do ITCMD é o real valor que o bem ou direito pode ser vendido, como cito:
>
> [...]
>
> Ocorre que, para o caso de doação de quotas de sociedades empresariais, o legislador estadual estabeleceu que o valor venal do bem deve corresponder ao “va-

lor patrimonial na data da ocorrência do fato gerador", *in verbis*:

"Art. 17 da Lei Estadual 7.850/2002. No caso de ações não negociadas em bolsas, quotas ou outros títulos de participação em sociedades comerciais ou civis de objetivos econômicos, considera-se valor venal o seu valor patrimonial na data da ocorrência do fato gerador".

Em relação a esse tema, a doutrina entende que existem dois tipos de valor patrimonial, o contábil e o real, que são classificados da seguinte forma:

Valor Patrimonial Contábil: o valor patrimonial contábil resulta da divisão do patrimônio líquido da empresa pela quantidade de quotas existentes;

Valor Patrimonial Real: o valor patrimonial real reflete o preço pelo qual as quotas seriam negociadas no mercado, ou seja, valor real de venda das quotas sociais.

[...]

Com efeito, o Valor Patrimonial Real é o que mais se aproxima do conceito de valor venal do bem ou direito (valor corrente de mercado) e, consequentemente, da regra utilizada para se apurar a base de cálculo do ITCMD, conforme prevê o art. 38 do CTN, art. 9º da Lei Estadual 7.850/2002 e a jurisprudência do Tribunal da Cidadania.

> Isso porque, o patrimônio líquido registrado no balanço patrimonial, em muitos casos, se encontram defasados e/ou não representam a real situação do patrimônio da sociedade.

A jurisprudência acima mostra-se bastante interessante no contexto da presente discussão, pois passa pela mesma reflexão enfrentada pelo Tribunal Paulista, no entanto, como esperado, chega à conclusão compatível com a norma complementar.

Em termos simples, ocorre a transmissão da propriedade imóvel travestida de cotas sociais causando diminuição da base tributável. Um bem que por sua natureza demonstra poder econômico, ainda mais quando associado a instrumentos de planejamento sucessório e tributário, é transmitido gratuitamente com base tributável consideravelmente abaixo do que deveria ser.

No caso da jurisprudência paulista, esse é o resultado: permitir a transmissão gratuita de imóveis por valores bem abaixo do valor de mercado, garantindo ao cidadão que detém mais posses diminuir a tributação sobre seu patrimônio.

O quadro é mais alarmante ainda diante do recente ciclo de valorização de bens imóveis no país.[198] [199] Ou seja, aqueles que compraram imóveis antes de tal ciclo podem

---

198. Conselho Regional de Corretores de Imóveis da 1ª Região/RJ. *Brasil liderou valorização de imóveis do mundo por 5 anos.* Disponível em: https://creci-rj.gov.br/brasil-liderou-valorizacao-de-imoveis-mundo-por-5-anos/. Acesso em: 19 jan. 2023.

199. Federação dos Trabalhadores nas Indústrias da Construção e do Mobiliário do Estado do Paraná. *Valorização de imóvel no Brasil foi a maior do mundo nos últimos 5 anos.* Disponível em: http://fetraconspar.org.br/01backup/index.php?option=com_content&view=article&id=33974:valorizacao-de-imovel-no-brasil-foi-a-maior-do-mundo-nos-ultimos-5-anos&catid=161:economia&Itemid=85. Acesso em: 19 jan. 2023.

obter benefício ainda maior, caso venham a utilizar tal manobra, pois a base tributável será absolutamente defasada quando comparada ao valor que os bens possuem no momento presente.

E não é exagero falar em favorecimento, porque outro não é o quadro diante do fato de que o planejamento sucessório e patrimonial não é acessível a todo cidadão, especialmente aos que têm patrimônio reduzido.

Ressalte-se que a tributação no Brasil apresenta baixo índice de tributação do patrimônio, em torno de 4,5%. Bem abaixo do que se apresenta em regiões com melhores condições distributivas, como Japão, Grã-Bretanha e Canadá, em que o índice ultrapassa os 10%.[200]

A tributação da transmissão patrimonial gratuita, na qual tem grande importância a transmissão de bens imóveis, pode ter efeito positivo no quadro social de um país, conforme expõe Mikael Elinder *et al.*, com base em dados da Suécia.

> *In summary, inheritance taxation alone does not seem to equalize wealth; instead, it slightly reverses the equalizing impact of inheritances. However, when inheritance tax revenues are also considered and used for redistributive purposes, the total effect may be increased equality.*

A transmissão gratuita de imóveis e suas peculiaridades não pode ser desprezada tanto diante dos montantes patrimoniais a serem transmitidos pelos mais ricos, como perante comandos constitucionais que colocam a

200. OXFAM. *A distância que nos une*. Disponível em: https://www-cdn.oxfam.org/s3fs-public/file_attachments/relatorio_a_distancia_que_nos_une_170925.pdf. Acesso em: 19 jan. 2023.

tributação submetida a um contexto de preocupação com a distribuição de patrimônio e renda.

Obviamente tais informações devem ser lidas no contexto do Sistema Tributário Nacional, em que não se mostra razoável o aumento da carga sobre a sociedade. No entanto, os dados mostram que o ITCMD tem potencial para trazer progressividade à tributação no Brasil.

4.4 Transmissão de cotas sociais integralizadas por meio de imóveis perante os princípios da capacidade contributiva e da isonomia

A Constituição impõe que os impostos devem ser, sempre que possível, proporcionais às possibilidades do contribuinte no artigo 145, § 1º.

> Art. 145. A União, os Estados, o Distrito Federal e os Municípios poderão instituir os seguintes tributos:
>
> § 1º Sempre que possível, os impostos terão caráter pessoal e serão graduados segundo a capacidade econômica do contribuinte, facultado à administração tributária, especialmente para conferir efetividade a esses objetivos, identificar, respeitados os direitos individuais e nos termos da lei, o patrimônio, os rendimentos e as atividades econômicas do contribuinte.

Machado se refere especificamente à expressão "capacidade econômica", lecionando o seguinte.

> Graduado conforme a capacidade econômica, por sua vez, quer dizer que o imposto deverá variar (ser maior, ou menor) conforme a capacidade do contribuinte de dispor de recursos econômicos. É o que se conhece por "princípio da capacidade contributiva", ou seja, a aptidão para contribuir com o sustento do Estado.[201]

Já para Schoueri, a capacidade contributiva tem ligação até mesmo com o princípio fundamental da República de reduzir as desigualdades sociais e regionais (artigo 3º, III, Constituição Federal).[202]

Se a República Federativa do Brasil tem por objetivo fundamental, à luz do art. 3º da Constituição Federal, a construção de uma "sociedade livre, justa e solidária, buscando erradicar a pobreza e a marginalização e reduzir as desigualdades sociais e regionais", é claro que o legislador, ao escolher quem suportará as despesas gerais do Estado, não deve aumentar tais desigualdades. Daí a ideia de que devem pagar os impostos aqueles que têm condições para tanto. É o princípio da capacidade contributiva, positivado no art. 145, § 1º, da Constituição Federal.

Mostra-se claro que um imposto sob a égide da Constituição Feral de 1988 deve atender, dentre outros, ao princípio da capacidade contributiva. Não há motivo que justifique o ITCMD eventualmente fugir a esse regramento.

Aliás, diversos autores defendem que a tributação sobre heranças, em regra acompanhada pela tributação

---

201. SEGUNDO, Hugo de Brito Machado. *Manual de Direito Tributário*. 12 ed. Barueri: Grupo GEN, 2022.

202. SCHOUERI, Luís E. *Direito Tributário*. Disponível em: https://app.minhabiblioteca.com.br/#/books/9786555592696/. Acesso em: 18 jan. 2023. p. 121.

da doação,[203] pode ter efeito positivo sobre a redistribuição de riquezas no país.[204] Dentre eles encontra-se Lima, que afirma que a tributação progressiva da herança em longo prazo seria benéfica à sociedade por meio da redução de desigualdades.[205]

Diante desse quadro, mostra-se temerário que o arcabouço normativo aplicável à transmissão patrimonial intergeracional permita que por meio de manobras lícitas de baixa ou baixíssima complexidade patrimônios significativos venham a ser tributados com critérios menos gravosos do que patrimônios mais reduzidos.

Não se pretende deslegitimar qualquer forma de planejamento patrimonial e sucessório dentro dos ditames legais, pois trata-se de decisão que faz parte do exercício de escolha do indivíduo.[206]

No entanto, não se pode negligenciar uma situação normativa que causa desequilíbrio num país que carrega profundas marcas de desigualdade, como a de ser o país que tem a maior concentração de renda no 1% mais rico da população, apurado por pesquisa realizada por Thomas Piketty.[207]

---

203. VALENTIN, Jefferson. *Holding*: estudo da evasão fiscal do ITCMD no planejamento sucessório. São Paulo: Letras Jurídicas, 2021.

204. ELINDER, Mikael *et al. Inheritance and wealth inequality*: Evidence from population registers. Disponível em: https://www.ifn.se/media/my4ksqb2/2018-elinder-erixon-waldenstr%C3%B6m-inheritance-and-wealth-inequality.pdf. Acesso em: 1 jan. 2023.

205. LIMA, Ricardo Alves de. *Função Social da Herança* – Tutela e limites à autonomia privada na sucessão causa mortis. Belo Horizonte: Editora Dialética, 2021.

206. LIMA, Gustavo Rodrigues dos Santos. *O desenvolvimento das holding familiares no Brasil como instituto de planejamento sucessório e tributário*. Disponível em: https://portal.unimar.br/site/public/pdf/dissertacoes/9FAF257E7B154EA6198BD91E0084A50E.pdf. Acesso em: 19 jan. 2023.

207. El País. *Brasil tem maior concentração de renda do mundo entre o 1% mais rico.* Disponível em: https://brasil.elpais.com/brasil/2017/12/13/internacional/1513193348_895757.html. Acesso em: 19 jan. 2023.

No tema em comento, enquanto o contribuinte que tem acesso a instrumentos jurídicos para planejar a transmissão do patrimônio familiar se beneficia de determinado posicionamento jurisprudencial, o cidadão menos favorecido não terá a mesma oportunidade, sendo obrigado a transmitir seu patrimônio segundo critérios mais onerosos do que aqueles que possuem patrimônio mais significativo.

É exatamente o oposto do que preconiza o princípio da capacidade contributiva. Mostra-se uma cobrança de forma mais gravosa sobre aquele que menos propriedades detém.

Outro princípio que informa a exação tributária no ordenamento jurídico brasileiro é o da isonomia ou igualdade e merece análise perante o tema ora abordado. A previsão consta do artigo 150 da Constituição Federal.

> Art. 150. Sem prejuízo de outras garantias asseguradas ao contribuinte, é vedado à União, aos Estados, ao Distrito Federal e aos Municípios:
>
> II - instituir tratamento desigual entre contribuintes que se encontrem em situação equivalente, proibida qualquer distinção em razão de ocupação profissional ou função por eles exercida, independentemente da denominação jurídica dos rendimentos, títulos ou direitos.

Segundo aborda a problemática da isonomia sob o aspecto material, vinculando eventuais critérios de aplicação à capacidade contribuitiva, já analisada anteriormente.

> O maior problema, nesse caso, como ocorre sempre que se cogita do princípio da isonomia em seu aspecto material, ou substancial, é saber qual medida de desigualdade deve ser tomada como critério pelo legislador, para tratar desigualmente os desiguais, e para que isso deve ser feito. Em matéria tributária, essa medida será, em regra, a capacidade contributiva [...].[208]

No mesmo sentido é a lição de Schoueri:

> Deste modo, para que se possa concretizar o Princípio da Igualdade, é preciso que se tenha um critério de comparação constitucionalmente justificado. Ou seja: para que se atenda ao Princípio da Igualdade, percorrem-se três etapas: primeiro, encontra-se um critério; em seguida, busca-se fundamentação constitucional para o critério encontrado. Finalmente, comparam-se as situações a partir do critério eleito.[209]

É possível afirmar que o caminho colocado para diminuir a tributação com base na integralização de bens imóveis a pessoas jurídicas é acessível a qualquer cidadão, o que parece se amoldar ao princípio da isonomia sob o aspecto formal – todo cidadão é igual perante a lei.

---

208. SEGUNDO, Hugo de Brito Machado. *Manual de Direito Tributário*. 12 ed. Barueri: Grupo GEN, 2022.

209. SCHOUERI, Luís E. *Direito Tributário*. Disponível em: https://app.minhabiblioteca.com.br/#/books/9786555592696/. Acesso em: 18 jan. 2023.

No entanto, quando a análise se dá diante da isonomia sob o aspecto material, mostra-se desrespeitado o princípio. Contribuintes com menor capacidade contributiva não terão condições de utilizar-se de qualquer instrumento de planejamento patrimonial, por mais simples que seja.

Frise-se, a Defensoria Pública do Estado de São Paulo, por exemplo, não tem o serviço de planejamento sucessório e patrimonial listado em seu sítio eletrônico oficial.[210] Ou seja, àqueles que podem custear seus próprios advogados, a possibilidade de se aproveitar de lacunas normativas; aos hipossuficientes, os critérios mais rigorosos.

Nesse contexto, há quem possa apontar isenções como meios de desonerar os menos favorecidos. Não é o que se vê na prática quando da análise das hipóteses constantes da Lei Paulista nº 10.705/00.

Sem a pretensão de se aprofundar no tema, que possui desenhos específicos em cada estado, passa-se à abordagem de hipótese de isenção sobre imóvel constante da lei paulista, que se repete, com suas respectivas peculiaridades, por outros estados da federação:

> Artigo 6º. Fica isenta do imposto: (Redação dada ao artigo pela Lei 10.992, de 21-12-2001; DOE 22-12-2001; Efeitos a partir de 01-01-2002)
>
> I - a transmissão *"causa mortis"*:
>
> a) de imóvel de residência, urbano ou rural, cujo valor não ultrapassar 5.000 (cinco mil) Unidades Fiscais do Estado de São Paulo – UFESPs e os familiares beneficia-

210. Defensoria Pública do Estado de São Paulo. *Lista de Serviços*. Disponível em: https://www.defensoria.sp.def.br/atendimento/conheca-nossos-servicos. Acesso em: 18 jan. 2023.

> dos nele residam e não tenham outro imóvel;
>
> b) de imóvel cujo valor não ultrapassar 2.500 (duas mil e quinhentas) UFESPs, desde que seja o único transmitido.

Sendo a UFESP para o exercício de 2023 R$ 34,26,[211] chega-se a um total de R$ 171.300,00 para a hipótese prevista na alínea “a” e R$ 85.650,00 para a hipótese prevista na alínea “b” como um dos requisitos para um caso que eventualmente venha a se amoldar a um e a outro dispositivo.

Ou seja, as isenções que têm por objeto a transmissão de bens imóveis no estado de São Paulo abarcam apenas valores baixíssimos para a realidade que se apresenta no mercado imobiliário, principalmente para grandes aglomerados urbanos, onde os preços praticados tendem a ser maiores.

A tributação sobre heranças e doações recai sobre a transmissão do patrimônio acumulado de geração para geração, o que, por vezes, mostra-se como considerável signo de riqueza. Some-se a esse fato a inexistência de tendência à distribuição dos patrimônios acumulados com o decorrer do tempo,[212] o que impõe a necessidade de intervenção estatal para que a riqueza seja distribuída, ainda que parcialmente, quando da transmissão intergeracional.

---

211. Secretaria da Fazenda e Planejamento do Estado de São Paulo. *Valores da UFESP.* Disponível em: https://legislacao.fazenda.sp.gov.br/Paginas/ValoresDaUFESP.aspx. Acesso em: 19 jan. 2023.

212. PIKETTY, Thomas. *O capital no século XXI*. Disponível em: https://fernandonogueiracosta.files.wordpress.com/2015/08/o-capital-no-secc81culo-xxi-thomas-piketty.pdf. Acesso em: 18 jul. 2022.

5. Conclusão

A relação do ser humano com a propriedade evoluiu para uma condição em que não pode se dar de forma indiferente ao contexto social no qual se insere. Se em um primeiro momento tal relação se dava em um contexto de afirmação da individualidade, atualmente a relação com a propriedade impõe o entendimento de suas consequências para a coletividade.

A normativa brasileira a respeito do tema evoluiu da proteção apenas ao direito de propriedade, em um primeiro momento, para o estágio atual em que a função social da propriedade é prevista expressamente na Constituição Federal e no Código Civil.

O Código Civil ainda impõe expressamente a função social do contrato, assim como a boa-fé das partes envolvidas no âmbito da relação contratual. Já em relação à função social da empresa, não há menção expressa, seja Constituição, seja no Código Civil, em que pese a forte menção da doutrina à sua existência, pela imposição de princípios de cunho social à atividade econômica, dentre os quais pode-se citar a solidariedade, a redução de desigualdades sociais, a submissão da atividade econômica aos ditames da justiça social, dentre outros.

A função social se imporia à propriedade ainda que não houvesse menção expressa ao princípio dentre as normas nacionais, diante da existência dos demais princípios que impõem à fruição do direito de propriedade limitações de cunho social.[213]

Se por um lado a livre iniciativa, como corolário da liberdade individual, permite ao indivíduo a realização da atividade econômica e apropriação de bens, por outro tais atividades não podem ignorar o contexto social no qual se incluem. Ao estudo da função social da empresa se somam os fundamentos e princípios da atividade econômica, constantes do artigo 170 da Constituição Federal.

Em suma, é afirmada a coexistência de um sistema de mercado em que a iniciativa privada é, em regra, conferida ao particular com imperativos sociais que não podem ser ignorados, limitando a atividade econômica de forma a buscar a justiça social.

Desta feita, a necessidade de atendimento a uma função social se impõe à empresa, independentemente do objeto de sua atividade. Portanto, nesse regramento são incluídas as pessoas jurídicas constituídas com a finalidade de planejamento patrimonial e sucessório.

Dentre os objetivos dessas entidades, há a diminuição de custos tributários, o que pode ser absolutamente lícito, deste que obedecidas as normas aplicáveis. Impõe-se, no entanto, ao Estado como interessado nesse patrimônio enquanto competente para exação tributária quando da ocorrência da transmissão patrimonial gratuita, a reflexão

---

213. BARROSO, Luís Roberto. *A ordem econômica constitucional e os limites à atuação estatal no controle de preços.* Disponível em: https://bibliotecadigital.fgv.br/ojs/index.php/rda/article/download/47240/44652/0. Acesso em: 13 out. 2023.

acerca das consequências tributárias advindas desse planejamento.

Em termos de contexto de planejamento tributário não se deve confundir as empresas voltadas para atividades produtivas com aquelas projetadas para planejamento patrimonial e sucessório. Em que pese a possível coexistência de tais atividades no seio de uma mesma pessoa jurídica, suas finalidades são totalmente diferentes. Enquanto por um lado se busca a atividade produtiva econômica propriamente dita, por outro se busca a transmissão patrimonial intergeracional com o máximo possível de economia tributária.

Na realização dos negócios jurídicos tendentes ao planejamento patrimonial e sucessório, especialmente quando voltado à economia do ITCMD, ocorre o encontro de interesses opostos. De um lado, o particular procura minimizar os gastos tributários com a transmissão patrimonial intergeracional gratuita; do outro o Estado detém competência constitucional para tributar, meio principal de arrecadação para permitir a existência da máquina pública.

É importante ressaltar que o cumprimento da função social da atividade econômica passa pelo direcionamento normativo do Estado, assim como posterior obediência a essas normas pelos atores do cenário econômico.

Nesse contexto, eis o questionamento a respeito da função social da empresa: as normas aplicáveis ao planejamento patrimonial e sucessório impõem à pessoa jurídica o cumprimento de sua função social, especialmente no que se refere à integralização e posterior transmissão de imóveis por meio de cotas sociais?

Colocando de outra forma, uma empresa cumpre seu papel social quando por meio dela a base tributável de bens imóveis é significativamente reduzida? Uma empresa cumpre sua função social quando por meio dela apenas uma parcela mais abastada da sociedade poderá economizar com o pagamento de imposto?

O questionamento se impõe justamente porque, para que se analise de forma devida o cumprimento da função social de uma empresa, o olhar não pode se limitar ao seu estrito cumprimento das normas, em que pese a sua óbvia importância. Some-se a tal afirmação, a possibilidade de utilização da norma antielisão pelo órgão fazendário e a natural discussão a respeito dos limites na reflexão quanto ao abuso da forma.

No estado de São Paulo, na contramão da tendência nacional e não por acaso conhecido como "paraíso fiscal do ITCMD", a integralização de imóveis para transmissão de cotas sociais permite considerável redução da matéria tributável, principalmente diante da interpretação majoritária dada pelo Tribunal de Justiça do Estado de São Paulo quando da apreciação do tema.

A doutrina a respeito com as recentes teses fixadas por meio do Tema 1.113 do Superior Tribunal de Justiça deixam totalmente claro que a incidência do ITCMD se dá sobre o valor de mercado dos ativos transmitidos, o que torna desarmônica a interpretação que permita considerável discrepância entre os valores tributados e o valor de mercado.

Em termos simples, o caminho fica livre para os detentores de patrimônios mais significativos, dentre os quais, em regra, serão encontrados numerosos imóveis, utilizarem-se de um simples instrumento de planejamento, integralizando imóveis a pessoas jurídicas para que sejam transmitidos – na prática – a valores muito menores do que seriam se não houvesse a integralização.

Tais instrumentos certamente não estão acessíveis a todo e qualquer cidadão, o que torna o resultado da interpretação dada à norma paulista mais alarmante ainda.

Ressalte-se, o cidadão que lança mão de tais estratégias de planejamento pode, em sua defesa, afirmar que está cumprindo a lei, justamente porque é isso que diz o Tribunal de Justiça do Estado de São Paulo quando de suas decisões a respeito do tema, ao menos majoritariamente.

Como apontado pela OCDE em relatório a respeito do tema,[214] instrumentos de planejamento são importantes meios pelos quais o pagamento de imposto sobre a herança é evitado. O caso paulista se mostra um triste exemplo de que o apontamento da OCDE é correto.

Não se pode ignorar que a norma poderia ter sido mais assertiva quando da redação. No entanto, se por um lado, no que tange à base de cálculo de cotas sociais, a norma não andou bem ao utilizar o termo "valor patrimonial" sem ser suficientemente específica, a Corte Paulista, *data venia*, conferiu interpretação que ignora os princípios constitucionais tributários da capacidade contributiva e da isonomia, além do já citado Tema 1.113, em uma nação que lidera o triste *ranking* da concentração de renda no 1% mais rico da população.

Tal quadro tem sua gravidade exposta quando da análise dos números referentes à arrecadação de impostos patrimoniais no país, muito aquém do verificado em outras nações mais desenvolvidas, atingindo pífios 4,5%.

A realidade paulista, no que tange ao objeto estudado, parece se distanciar não só de comandos constitucionais importantíssimos como, a título de exemplo, objetivo fundamental da República (art. 3º III), princípios tributá-

---

214. OCDE. *Inheritance taxation in OCDE countries*. Disponível em: https://www.oecd.org/tax/tax-policy/inheritance-taxation-in-oecd-countries-brochure.pdf. Acesso em: 19 jul. 2022.

rios (art. 145, § 1º), os fundamentos e princípios da atividade econômica (art. 170), mas de relatórios e estudos que expõem desde a inexistência de tendência de distribuição patrimonial pela ocorrência de transmissão intergeracional até a necessidade de redesenhar o sistema tributário brasileiro para uma exação mais progressiva e patrimonial.

Referências

AGUILLAR, Fernando H. *Direito Econômico*. Disponível em: https://app.minhabiblioteca.com.br/#/books/9788597021974/. Acesso em: 8 out. 2023.

ALENCAR, José Martiniano de. *A propriedade*. Disponível em: https://bibliotecadigital.stf.jus.br/xmlui/bitstream/handle/123456789/511/53589.pdf?sequence=1. Acesso em: 12 out. 2023.

AMARAL, Francisco. *Direito civil*: introdução. Disponível em: https://app.minhabiblioteca.com.br/#/books/9788553602100/. Acesso em: 1 set. 2023.

AULETE DIGITAL. Disponível em: https://www.aulete.com.br/venal. Acesso em: 5 set. 2023.

BARRETO JUNIOR, Jurandir Antonio Sá; GOMES, Michele dos Santos. *O impacto do sistema tributário brasileiro na perpetuação da desigualdade racial no Brasil*. Disponível em: Vista do O Impacto do Sistema Tributário Brasileiro para Perpetuação da Desigualdade Racial no Brasil (ibdt.org.br) Acesso em 12 mar. 2024.

BARROSO, Darlan; LETTIERE, Juliana F. *Prática no processo civil*. Disponível em: https://app.minhabiblioteca.com.br/#/books/9788553611935/. Acesso em: 14 nov. 2023.

BARROSO, Luís Roberto. *A ordem econômica constitucional e os limites à atuação estatal no controle de preços*. Disponível em: https://bibliotecadigital.fgv.br/ojs/index.php/rda/article/download/47240/44652/0. Acesso em: 13 out. 2023.

CALIENDO, Paulo. *Curso de direito tributário*. Disponível em: https://app.minhabiblioteca.com.br/#/books/9786555599992/. Acesso em: 24 nov. 2023.

CAMPOS, Ruy Fernando Cortes de; AQUINO, Ana Carolina Nicolau. *Reflexões sobre a base do ITCMD na doação de quotas de sociedade limitada*. Disponível em: https://www.conjur.com.br/2022-jan-18/campos-aquino-itcmd-doacao-quotas-sociedade-limitada#_ftn1. Acesso em: 19 jan. 2023.

CONSELHO REGIONAL DE CORRETORES DE IMÓVEIS DA 1º REGIÃO/RJ. *Brasil liderou valorização de imóveis do mundo por 5 anos*. Disponível em: https://creci-rj.gov.br/brasil-liderou-valorizacao-de-imoveis-mundo-por-5-anos/. Acesso em: 19 jan. 2023.

DEFENSORIA PÚBLICA DO ESTADO DE SÃO PAULO. *Lista de Serviços*. Disponível em: https://www.defensoria.sp.def.br/atendimento/conheca-nossos-servicos. Acesso em: 18 jan. 2023.

DICIONÁRIO ONLINE DE PORTUGUÊS. Disponível em: https://www.dicio.com.br/venal/. Acesso em: 5 set. 2023.

DINIZ, Maria Helena. *Curso de direito civil brasileiro*: teoria das obrigações contratuais e extracontratuais. v. 3. Disponível em: https://app.minhabiblioteca.com.br/#/books/9786555598711/. Acesso em: 30 abr. 2023.

______. *Importância da função social da empresa*. Disponível em: https://revista.unicuritiba.edu.br/index.php/RevJur/article/view/2815/371371482. Acesso em: 24 out. 2023.

DINIZ, Maria Helena; SANTIAGO, Mariana Ribeiro. *Função Social e Solidária da Posse*. São Paulo: Editora Saraiva, 2023.

Brasil tem maior concentração de renda do mundo entre o 1% mais rico. *El País*. Disponível em: https://brasil.elpais.com/brasil/2017/12/13/internacional/1513193348_895757.html. Acesso em: 19 jan. 2023.

ELINDER, Mikael *et al. Inheritance and wealth inequality*: Evidence from population registers. Disponível em: https://www.ifn.se/media/my4ksqb2/2018-elinder-erixon-waldenstr%C3%B6m-inheritance-and-wealth-inequality.pdf. Acesso em: 1 jan. 2023.

FEDERAÇÃO DOS TRABALHADORES NAS INDÚSTRIAS DA CONSTRUÇÃO E DO MOBILIÁRIO DO ESTADO DO PARANÁ. *Valorização de imóvel no Brasil foi a maior do mundo nos últimos 5 anos*. Disponível em: http://fetraconspar.org.br/01backup/index.php?option=com_content&view

=article&id=33974:valorizacao-de-imovel-no-brasil-foi-a-maior-do-mundo-nos-ultimos-5-anos&catid=161:economia&Itemid=85. Acesso em: 19 jan. 2023.

FIGUEIREDO, Leonardo V. *Direito Econômico*. Disponível em: https://app.minhabiblioteca.com.br/#/books/9788530993290/. Acesso em: 8 out. 2023.

FILHO, Rodolfo Pamplona. *Breves Reflexões sobre o Princípio da Função Social*. Disponível em: https://revistas.unifacs.br/index.php/redu/article/view/8342/4914. Acesso em: 9 out. 2023.

FRAPORTI, Simone; REIS, Zaida C.; FERRARI, Fernanda L. *et al. Teoria geral da empresa*. Disponível em: https://app.minhabiblioteca.com.br/#/books/9788595024434/. Acesso em: 16 nov. 2023.

GAGLIANO, Pablo S.; FILHO, Rodolfo P. *Manual de direito civil*: volume único. Disponível em: https://app.minhabiblioteca.com.br/#/books/9786553624559/. Acesso em: 14 jun. 2023.

GAIOSKI, Lucas Augusto. *Direitos fundamentais, a propriedade e a função social: a função social da propriedade como fundamento do desenvolvimento econômico, político e social*. Disponível em: https://www.redalyc.org/journal/5863/586364222004/586364222004.pdf. Acesso em: 9 out. 2023.

GIACOMELLI, Cinthia L F.; ZAFFARI, Eduardo K.; SOUTO, Fernanda R. *et al. Direito Civil*: Direito das Sucessões. Disponível em: https://app.minhabiblioteca.com.br/#/books/9786556901329/. Acesso em: 13 out. 2023.

JR., Humberto T. *O Contrato e sua Função Social*. 4ª edição. Disponível em: https://app.minhabiblioteca.com.br/#/books/978-85-309-5653-0/. Acesso em: 16 nov. 2023.

LIMA, Gustavo Rodrigues dos Santos. *O desenvolvimento das holdings familiares no Brasil como instituto de planejamento sucessório e tributário*. Disponível em: https://portal.unimar.br/site/public/pdf/dissertacoes/9FAF257E7B154EA6198BD91E0084A50E.pdf. Acesso em: 19 jan. 2023.

LIMA, Ricardo Alves de. *Função Social da Herança* – Tutela e limites à autonomia privada na sucessão *causa mortis*. Belo Horizonte: Editora Dialética, 2021.

LOURENÇO, Haroldo. *Processo Civil Sistematizado*. Disponível em: https://app.minhabiblioteca.com.br/#/books/9786559640133/. Acesso em: 14 nov. 2023.

LÔBO, Paulo. *Direito constitucional à herança, saisine e liberdade de testar.* Disponível em: https://ibdfam.org.br/assets/upload/anais/290.pdf. Acesso em: 9 abr. 2023.

MAMEDE, Gladston; MAMEDE, Eduarda Cotta. *Holding familiar e suas vantagens*. Planejamento jurídico e econômico do patrimônio e da sucessão familiar. Barueri: Grupo GEN, 2022.

MINAS GERAIS. *Decreto nº 43.981/05 – Regulamenta o Imposto sobre Transmissão Causa mortis e Doação de Quaisquer Bens ou Direitos – ITCD*. Disponível em: http://www.fazenda.mg.gov.br/empresas/legislacao_tributaria/decretos/d43981_2005.html. Acesso em: 19 jan. 24.

MINAS GERAIS. *Decreto nº 48.519/22 – Dispõe sobre a emissão da Certidão de Pagamento ou Desoneração do ITCD, na hipótese de avaliação fazendária pendente por prazo superior a noventa dias*. Disponível em: https://www.fazenda.mg.gov.br/empresas/legislacao_tributaria/decretos/2022/d48519_2022.html. Acesso em: 31 maio 2024.

MARTUSCELLI, Pablo Dutra. *Para uma compreensão histórica do sistema tributário nacional de 1988*. Disponível em: http://www.publicadireito.com.br/conpedi/manaus/arquivos/anais/fortaleza/3117.pdf. Acesso em: 13 mar. 2024.

OCDE. *Inheritance taxation in OCDE countries*. Disponível em: https://www.oecd.org/tax/tax-policy/inheritance-taxation-in-oecd-countries-brochure.pdf. Acesso em: 19 jul. 2022.

OXFAM. *A distância que nos une*. Disponível em: https://www-cdn.oxfam.org/s3fs-public/file_attachments/relatorio_a_distancia_que_nos_une_170925.pdf. Acesso em: 19 jul. 2022.

PAULSEN, Leandro; MELO, José Eduardo Soares de. *Impostos federais, estaduais e municipais*. Disponível em: https://app.minhabiblioteca.com.br/#/books/9786553620001/. Acesso em: 14 jun. 2023.

PARANÁ. *Lei nº 18.573, de 2 de outubro de 2015 – Do imposto sobre a transmissão causa mortis e doações, de quaisquer bens ou direitos – ITCMD*. Disponível em: https://www.fazenda.pr.gov.br/sites/default/arquivos_restritos/files/documento/2022-04/lei_18573_com_l20303_2020.pdf. Acesso em: 31 maio 2024.

PEREIRA, Andresa Semeghini; CARNEIRO, Adeneele Garcia. *A importância dos princípios da livre concorrência e da livre iniciativa para a manutenção da ordem econômica do Brasil*. Disponível em: https://periodicos.set.edu.br/direito/article/view/2080. Acesso em: 8 out. 2023.

PEREIRA, Caio Mário da S. *Instituições de Direito Civil*: Introdução ao Direito Civil – Teoria Geral de Direito Civil. v. I. Disponível em: https://app.minhabiblioteca.com.br/#/books/9786559644469/. Acesso em: 1 set. 2023.

PIKETTY, Thomas. *O capital no século XXI*. Disponível em: https://fernandonogueiracosta.files.wordpress.com/2015/08/o-capital-no-secc81culo-xxi-thomas-piketty.pdf. Acesso em: 18 jul. 2022.

PIRES, Caio Ribeiro; BUCAR, Daniel. *Rumos para a proteção de vulneráveis no Direito das Sucessões*: entre a inefetividade e a potencialidade do Direito de Saisine. Disponível em: https://rbdcivil.ibdcivil.org.br/rbdc/article/view/915/562 Acesso em: 23 out. 2023.

PISCITELLI, Tathiane. *Curso de Direito Tributário*. Disponível em: https://proview.thomsonreuters.com/launchapp/title/rt/monografias/266277181/v3/. Acesso em: 31 maio 2024.

POMPEU, Gina Vidal Marcílio; SANTIAGO, Andreia Maria. *Função social da empresa*: análise doutrinária e jurisprudencial face às decisões do STJ. Disponível em: https://pdfs.semanticscholar.org/fadc/64c1be0ff92a199872b0586f2b1709fca6d2.pdf. Acesso em: 10 out. 2023.

PRIBERAM DICIONÁRIO. Disponível em: https://dicionario.priberam.org/valor%20venal. Acesso em: 5 set. 2023.

REZENDE, Thiago Dutra Hollanda de. *Valor e fundo público*: análise do sistema tributário brasileiro. Disponível em: http://www.rlbea.unb.br/jspui/bitstream/10482/43163/1/2021_ThiagoDutraHollandadeRezende.pdf. Acesso em: 12 mar. 2024.

RIBEIRO, Marcelo. *Processo Civil*. Disponível em: https://app.minhabiblioteca.com.br/#/books/9786559646166/. Acesso em: 3 nov. 2023.

RIO DE JANEIRO. *Lei nº 7.174/2015 – Dispõe sobre o imposto sobre a transmissão causa mortis e doação de quaisquer bens ou direitos (ITD), de competência do estado do Rio de Janeiro*. Disponível em: https://legislacao.fazenda.rj.gov.br/wcc/?web_id=WCC205839. Acesso em: 31 maio 2024.

ROCHA, Cristian Alberto Gazoli da. *A função social da propriedade pública*. Disponível em: https://portal.unimar.br/site/public/pdf/dissertacoes/E61444F5F1819045AAFE6CF742EF7884.pdf. Acesso em: 12 out. 2023.

RODRIGUES, Cássio Monteiro; RÉGIS, Erick da Silva. *Função social da empresa em tempos de crise*: desafios à sua realização em virtude da pandemia da COVID-19. Disponível em: https://rbdcivil.ibdcivil.org.br/rbdc/article/view/606/405. Acesso em: 16 nov. 2023.

SALEME, Edson R. Disponível em: https://app.minhabiblioteca.com.br/#/books/9786555766370/. Acesso em: 08 out. 2023.

SALLABERRY, Fernando Moraes. *ITCMD – Imposto sobre Heranças e Doações* – Comentários à legislação paulista, jurisprudência judicial e administrativa, resposta a consultas e súmulas. Volume II. Sorocaba, 2021.

SANTIAGO, Mariana Ribeiro; CAMPELLO, Lívia Gaigher Bósio. Função social e solidária da empresa na dinâmica da sociedade de consumo. Rio de Janeiro: *Revista da Faculdade de Direito da UERJ*, nº 32, 2017.

SANTOS, Bárbara Cristina. *Reforma Tributária*: análise da complexidade e excessiva burocracia, com ênfase na tributação sobre o consumo. Disponível em: https://fanorpi.com.br/universitas/index.php/revista/article/view/284/273. Acesso em: 12 mar. 2024.

SCHOUERI, Luís E. *Direito Tributário*. Editora Saraiva, 2021. E-book. ISBN 9786555592696. Disponível em: https://app.minhabiblioteca.com.br/#/books/9786555592696/. Acesso em: 18 jan. 2023.

SECRETARIA DA FAZENDA E PLANEJAMENTO DO ESTADO DE SÃO PAULO. *Valores da UFESP*. Disponível em: https://legislacao.fazenda.sp.gov.br/Paginas/ValoresDaUFESP.aspx. Acesso em: 19 de jan. 2023.

SEGUNDO, Hugo de Brito Machado. *Manual de Direito Tributário*. 12 ed. Barueri: Grupo GEN, 2022.

SIQUEIRA, Luiza Noronha. *Estado federal, tributação e autonomia dos entes federados*: possibilidade de fortalecimento do federalismo pela centralização. Disponível em: https://repositorio.pucsp.br/bitstream/handle/6863/1/Luiza%20Noronha%20Siqueira.pdf. Acesso em: 15 mar. 2024.

SOUSA, Cássio V. S.; GIACOMELLI, Cinthia L. F. *Direito civil I*. Porto Alegre: Grupo A, 2018. E-book. ISBN 9788595024441. Disponível em: https://app.minhabiblioteca.com.br/#/books/9788595024441/. Acesso em: 9 abr. 2023.

SPADA, Rodrigo Keidel; VALENTIN, Jefferson. *O ITCMD e seus problemas estruturais*. Disponível em: https://www.jota.info/opiniao-e-analise/artigos/o-itcmd-e-seus-problemas-estruturais-19062020. Acesso em: 20 jul. 2022.

SUPERIOR TRIBUNAL FEDERAL. *Existência de testamento não impede inventário extrajudicial se os herdeiros são capazes e concordes*. Disponível em: https://www.stj.jus.br/sites/portalp/Paginas/Comunicacao/Noticias/2022/22112022-Existencia-de-testamento-nao-impede-inventario-extrajudicial-se-os-herdeiros-sao-capazes-e-concordes.aspx. Acesso em: 24 out. 2023.

SÃO PAULO. *Normas de Serviço – Cartórios Extrajudiciais – Tomo II*. Disponível em: https://api.tjsp.jus.br/Handlers/Handler/FileFetch.ashx?codigo=144760. Acesso em: 19 jan. 24.

SÃO PAULO. *Portaria CAT-15/2003 – Disciplina o cumprimento das obrigações acessórias e os procedimentos administrativos relacionados com o Imposto sobre Transmissão "Causa Mortis" e Doação de Quaisquer Bens ou Direitos – ITCMD*. Disponível em: https://legislacao.fazenda.sp.gov.br/Paginas/pcat152003.aspx. Acesso em: 31 maio 2024.

SÃO PAULO. *Resposta à consulta tributária 4328/2014*. Disponível em: https://legislacao.fazenda.sp.gov.br/Paginas/RC4328_2014.aspx. Acesso em: 19 jan. 24.

SUPERIOR TRIBUNAL DE JUSTIÇA. *Homologação da partilha em arrolamento sumário dispensa o prévio recolhimento do ITCMD*. Disponível em: https://www.stj.jus.br/sites/portalp/Paginas/Comunicacao/Noticias/2022/23112022-Homologacao-da-partilha-em-arrolamento-sumario-dispensa-previo-recolhimento-do-ITCMD.aspx. Acesso em: 20 maio 2024.

TOMAZETTE, Marlon. *Curso de direito empresarial*: teoria geral e direito societário. v. 1. Disponível em: https://app.minhabiblioteca.com.br/#/books/9786553620551/. Acesso em: 15 jun. 2023.

TARTUCE, Flávio. *Direito Civil*: Direito das Sucessões. v. 6. Disponível em: https://app.minhabiblioteca.com.br/#/books/9786559646975 Acesso em: 13 out. 2023.

TARTUCE, Flávio; BUNAZAR, Maurício. *As "holdings familiares" e o problema da invalidade – parte I*: fraude à lei e simulação. Disponível em: https://www.migalhas.com.br/coluna/familia-e-sucessoes/390517/as-holdings-familiares-e-o-problema-da-invalidade. Acesso em: 28 maio 2024.

______. *As "holdings familiares" e o problema da invalidade – parte II*: desvio de finalidade ou utilização disfuncional da personalidade jurídica. Disponível em: https://www.migalhas.com.br/coluna/familia-e-sucessoes/392669/as-holdings-familiares-e-o-problema-da-invalidade--parte-ii. Acesso em: 31 maio 2024.

______. *As "holdings familiares" e o problema da invalidade – parte III*: pacto sucessório, lesão à legítima e outras razões subjetivas. Disponível em: https://www.migalhas.com.br/coluna/familia-e-sucessoes/394156/pacto-sucessorio-lesao-a-legitima-e-outras-razoes-subjetivas. Acesso em: 31 maio 2024.

VALENTIN, Jefferson. *Holding*: estudo da evasão fiscal do ITCMD no planejamento sucessório. São Paulo: Letras Jurídicas, 2021.

Em que pese a importância e carinho que atribuo à presente obra, tenho a honra de conviver e colaborar com colegas por todo o Brasil na busca incessante por conhecimento por meio de diversas formas, que você pode conhecer abaixo.

Mentoria e cursos sobre a área de Sucessões e ITCD.

Acesse o QR Code abaixo para acessar conteúdo complementar.

Você também pode acessar diretamente o seguinte link: **www.jonatasalbino.com.br/links**

Você pode me encontrar nas seguintes redes sociais.

Instagram: jonatas.albino_

LinkedIn: Jonatas Albino do Nascimento

Facebook: facebook.com/JonatasAlbinoN

Ou diretamente no meu site:

www.jonatasalbino.com.br

LETRAS Jurídicas

Letrasdo Pensamento

QUEM SOMOS

As **Editoras LETRAS JURÍDICAS** e **LETRAS DO PENSAMENTO**, com 24 anos no mercado Editorial e Livreiro do país, são especializadas em publicações jurídicas e literatura de interesse geral, destinadas aos acadêmicos, aos profissionais da área do Direito e ao público em geral. Nossas publicações são atualizadas e abordam temas atuais, polêmicos e do cotidiano, sobre as mais diversas áreas do conhecimento.

As **Editoras LETRAS JURÍDICAS** e **LETRAS DO PENSAMENTO** recebem e analisam, mediante supervisão de seu Conselho Editorial, artigos, dissertações, monografias e teses jurídicas de profissionais dos Cursos de Graduação, de Pós-Graduação, de Mestrado e de Doutorado, na área do Direito e nas demais áreas técnicas e universitárias, além de obras na área de literatura e de interesse geral.

Na qualidade de Editora Jurídica e de Interesse Geral, mantemos uma relação em nível nacional com os principais Distribuidores e Livreiros do país, para divulgarmos e distribuirmos as nossas publicações em todo o território nacional. Temos ainda relacionamento direto com as principais Instituições de Ensino, Bibliotecas, Órgãos Públicos, Cursos Especializados de Direito e todos os segmentos do mercado.

Participamos também de **Feiras Nacionais e Internacionais**.

NOVIDADE!!! O(a) Autor(a) da LJ/LP terá uma página exclusiva para inserir sua biografia, fotos, vídeos e artigos de sua área e textos em geral, para interagir com o leitor e ganhar maior visibilidade no mercado.

Na qualidade de editora prestadora de serviços, oferecemos os seguintes serviços editoriais:

- Análise e avaliação de originais para publicação;
- Redação, revisão, edição e preparação de texto;
- Assessoria técnica editorial;
- Cadastro do ISBN – CBL e SNEL;
- Ficha catalográfica – CBL e SNEL;
- Design e montagem de arte de capa;
- Digitação e diagramação de textos;
- Direitos Autorais: consultoria e contratos;
- Elaboração de sumários, índices e índice remissivo;
- Fotografia e escaneamento de material fotográfico;
- Gráfica: pré-impressão, projetos e orçamentos;
- Ilustração: projeto e arte final;
- Audio-Books;
- Livro Digital: formatos E-book e Epub;
- Organização de lançamentos, eventos, palestras e workshops;
- Pesquisa Editorial CBL e SNEL;
- Peças Publicitárias para divulgação: banner, cartaz, convite de lançamento, folheto, marcador de página e material de apoio em geral.

Nesse período, as Editoras exerceram todas as atividades ligadas ao setor Editorial/Livreiro do país. É o marco inicial da profissionalização e de sua missão, visando exclusivamente ao cliente como fim maior de seus objetivos e resultados.

"NOSSAS MARCAS MOSTRAM AS LETRAS DO FUTURO"
O EDITOR

As Editoras reproduzem com exclusividade todas as publicações anunciadas para empresas, entidades e/ou órgãos públicos. Entre em contato para maiores informações.

Nossos sites: *www.letrasjuridicas.com.br* e *www.letrasdopensamento.com.br*
E-mails: *comercial@letrasjuridicas.com.br* e *comercial@letrasdopensamento.com.br*
Telefone/fax: (11) 3107-6501 – 99352-5354